46   1887

ESSAI DE TRADUCTION EN VERS BURLESQUES
D'UNE PIÈCE DE POÉSIE LATINE
INTITULÉE :

EXCIDIUM AUGI

PUBLIÉ AVEC UNE NOTICE

PAR

STEPHANO DE MERVAL

SOCIÉTÉ

DES

BIBLIOPHILES NORMANDS

MINISTÈRE DE L'INSTRUCTION PUBLIQUE

ESSAI DE TRADUCTION EN VERS BURLESQUES

D'UNE PIÈCE DE POÉSIE LATINE INTITULÉE

EXCIDIUM AUGI

PUBLIÉ AVEC UNE NOTICE

Par STEPHANO DE MERVAL

ROUEN

IMPRIMERIE DE ESPÉRANCE CAGNIARD

—

MDCCCLXXXVII

NOTICE

BIBLIOGRAPHIQUE ET HISTORIQUE

L'*Essai de traduction en vers burlesques d'une pièce de poésie latine intitulée : Excidium Augi par Monsieur ****, dont la Société des Bibliophiles normands a voté, dans son assemblée générale du 15 juillet 1886, la réimpression, qu'elle nous a chargé de surveiller, est un volume in-12, composé d'un titre, d'un faux-titre, xx, deux feuillets non chiffrés et 92 pages. Quoique d'une date relativement récente, MDCCLXVIII, il est devenu très rare, mais sa rareté n'a pas seulement déterminé la Société à en autoriser la reproduction ; les vers du poème latin sont d'une bonne facture, et, sans partager l'admiration du traducteur qui dit que Virgile ne les désavouerait pas, il ne serait pas juste, comme M. Vatout (1) qui en a cité quelques-uns, de penser que la rareté du volume où ils se trouvent est leur seul mérite ; la traduction en vers burlesques est un de ces

(1) *Souvenirs historiques des résidences royales de France*, château d'Eu. Paris, 1839, p. 165.

jeux d'esprit en honneur parmi les lettrés des dix-septième et dix-huitième siècles, n'égalant pas *le Virgile travesti* de Scarron et *la Henriade travestie,* mais n'en étant pas moins d'une lecture agréable. L'introduction et les notes donnent à cet opuscule une véritable valeur historique, étant une monographie complète de la ville d'Eu, faisant connaître les familles eudoises dont les noms méritent d'être conservés et les services rappelés. Le poème latin est de l'abbé Roussel, maître ès-arts, professeur de rhétorique au collège d'Eu après l'expulsion des Jésuites (1), puis professeur de seconde au collège de Navarre à Paris, auteur de plusieurs pièces latines, *jugées avec faveur, lorsqu'elles parurent, par de savants professeurs de l'université,* mais dont il nous a été impossible de retrouver la trace. Il fut dédié et présenté à son Éminence Monseigneur le Cardinal de la Rochefoucauld, lors de son séjour à Eu au mois de juin 1766 (2). Fut-il alors imprimé? c'est probable; MM. Vatout et Désiré Le Bœuf le laissent entendre, cependant nous n'en avons pu découvrir aucun exemplaire.

(1) Le collège d'Eu, fondé et doté par Henri, duc de Guise et Catherine de Clèves, son épouse, par acte du mardi 9 janvier 1582 passé avec le P. Claude Mathieu, provincial de la compagnie de Jésus en France, pour être desservi par 25 pères donnant l'instruction gratuite aux élèves. Lors de l'expulsion des Jésuites, il fut confié à des prêtres séculiers, dont neuf professeurs. (*Histoire des Comtes d'Eu* par L. Estancelin. Paris, 1828, p. 486.)

(2) *La ville d'Eu*, par Désiré Le Bœuf. Eu, 1844, p. 472.

L'auteur de la traduction en vers burlesques, qui a caché son nom sous la signature T. P. C., de S. Jacques d'Eu, apposée à la fin des *Observations préliminaires sur la ville d'Eu* est Pierre-Eustache Taillet, prêtre, chanoine régulier profès de l'ordre de Saint-Augustin, curé de Saint-Jacques d'Eu (1), nommé à cette cure le 4 novembre 1768, sur la résignation faite en sa faveur, pour cause de permutation, par Dom Etienne Vernier, qui le remplaça alors comme prieur, curé de Berville, au doyenné de Canville.

Ce prêtre spirituel ne jouit pas longtemps de son bénéfice, étant mort dans le courant de mai 1769 ; il avait donc bien raison de dire dans son épître dédicatoire à M. Charle :

> Chacun sait dans ce pays-ci
> Que je suis bien malade aussi.

L'exécution typographique de ce petit volume n'a rien de particulièrement remarquable ; il est cependant à noter qu'il fut édité avec le plus grand soin, trois fautes d'impression seulement ayant échappé aux correcteurs des épreuves ; encore l'une d'elles est-elle un *l* pour un *t*.

Quoique de format in-12, les signatures sont celles d'un in-8° ; sa hauteur est de quinze centimètres et sa largeur de huit.

(1) Saint-Jacques d'Eu était un bénéfice régulier à la présentation de l'abbé d'Eu.

Les renseignements historiques d'une parfaite exactitude consignés par Dom Taillet dans ses *Observations sur la ville d'Eu* et dans ses notes ont évidemment été puisés dans le *Livre Rouge* (1), ce précieux répertoire qui a fourni à MM. Estancelin, Vatout et Désiré Le Bœuf, les meilleurs éléments de leurs publications; aussi n'avons-nous qu'une seule erreur à y relever, la fausse attribution du titre de comte de Gamaches à un Rohan (2), au lieu de l'être à Joachim Rouault, et nous arrêterions ici ces préliminaires, si nous ne voulions compléter un certain nombre de notes, n'ayant pu, afin de nous conformer aux usages de la Société, insérer, dans la reproduction page pour page du texte, quelques renseignements d'ailleurs trop peu considérables pour former à la fin du volume un corps de notes, ainsi :

Page 38, note (*a*). *Ce bon maire*..... Son nom était Guillaume du Perrin.

Page 38, note (*b*), ligne 3. *MM. le comte de Lannoy, etc...*

---

(1) Le registre conservé dans les archives de la mairie d'Eu, connu sous le nom de *Livre Rouge*, est un volume in-4° en parchemin, relié en veau, commençant à l'année 1272, écrit dans le temps même des faits qu'il mentionne, présentant ainsi les types des diverses écritures de chaque siècle, contenant 255 feuillets jusqu'en 1524, auquel on a ajouté une seconde partie d'un format un peu plus grand de 219 feuillets conduisant jusqu'à l'année 1718.

(2) Remplacer donc le nom de *Rohan*, par celui de Rouhault, aux pages 32, 33, 35, 36, 37, 66.

Louis-Charles-Antoine de Lannoy, comte de Lannoy, maréchal de camp des armées du Roi, chevalier de Saint-Louis, issu d'une famille de la meilleure noblesse d'Artois, était petit-fils du sieur de Lannoy, gouverneur du château d'Eu, qui signa, le 28 octobre 1589, avec Henry IV, la capitulation de neutralité de la ville d'Eu, et fils de messire François de Lannoy, chevalier, comte dudit Lannoy, baron d'Auchy-le-Château et de Bretizé, sieur de Damrocourt, de Saint-Martin-le-Pauvre, du Vieux-Rouen, la Vallée-Rumval, Sortival, Hodencq, de Romaine, la Motte, Croix-en-Bailly, Bosrocourt, Marest, Mers, Campagne-Omaltre et Sallenelle, gentilhomme ordinaire de la chambre du Roi, conseiller en ses conseils, maréchal des camps et armées du Roi, gouverneur des villes, châteaux et comté d'Eu et Tréport-sur-Mer, baillif des eaux et forests dudit comté d'Eu, du moins c'est ainsi qu'il est titré dans les actes conservés à la mairie d'Eu.

M. de Limeux...... Antoine-François Le Roy de Limeux, capitaine au régiment de Bourbon infanterie, chevalier de Saint-Louis.

MM. de Verton de Richeval, de la Mortière..... Ces deux frères furent Philippes Louis de Verton, seigneur de Richeval, colonel commandant du régiment royal d'artillerie d'Auxonne, chevalier de Saint-Louis, puis brigadier des armées du roi et Jean-Marc-Antoine de Verton, seigneur de la Mortière, colonel du régiment royal d'artillerie d'Auxonne après son frère, chevalier de Saint-Louis, brigadier des armées du Roi en 1770, puis maréchal des camps et armées en 1780.

M. de Monceaux..... Pierre-Jean Roger de Monceaux, chevalier de Saint-Louis après trente ans de services, et qui fut maire de la ville d'Eu en 1790.

M. de Dampierre..... François-Eustache de Dampierre, chevalier, sieur d'Izengremer, de Millancourt, de Sainte-Agathe et autres lieux, chevalier de Saint-Louis, capitaine et lieutenant-colonel au régiment royal des carabiniers.

M. de Gromare..... Cinq frères de ce nom existaient alors, tous nés à Eu. Jean-Baptiste-Joseph Quentin de Gromard (c'est l'orthographe qui a prévalu), né en 1724, mort en 1798, chevalier de Saint-Louis, après 48 années de services et 6 campagnes.

Jean-Gaston Quentin de Gromard, chevalier de Saint-Louis en 1771, retraité lieutenant général après 46 années de services, 16 campagnes, s'étant trouvé à 14 batailles, 5 sièges et une expédition sur mer.

Vulfran-Martial Quentin de Gromard, chevalier de Saint-Louis en 1783, retraité en 1787 comme brigadier des gardes du corps du Roi après 31 ans de services.

N... Quentin de Gromard, chevalier de Saint-Louis, retraité après 31 ans de services et 2 campagnes, comme lieutenant-colonel d'artillerie.

Félix Quentin de Gromard, mort garde du corps du Roi en 1774, après 15 années de services et 2 campagnes.

Page 76, note (*a*). *MM. Bonnet*..... La famille Bonnet était bien l'une des plus considérables de la ville, car elle lui a fourni douze maires de 1587 à 1710. — Charles Bonnet, sieur de Saint-Martin, avait été anobli en 1594 par lettres enregistrées en la Cour des Aydes et en la Chambre des Comptes le 28 janvier 1595.

Page 76, note (*b*). *Mathoménil*..... Ce fief de haubert appartenait alors à la famille Mauquois qui a fourni huit maires à la ville d'Eu, de 1583 à 1626, plusieurs gentilshommes de la chambre à Louis XIV et un écuyer à Mademoiselle de Montpensier.

Page 84, note (*d*), dernière ligne. *Charles de Bourbon...* Louis-Charles de Bourbon, prince de Dombes, trente-deuxième comte d'Eu, mourut à Sceaux le premier septembre 1775 et eut pour successeur Louis-Jean-Marie de Bourbon, duc de Penthièvre, grand amiral de France, grand veneur, gouverneur de Bretagne, etc., dernier titulaire de la comté pairie d'Eu, son cousin-germain, fils du comte de Toulouse, mort à Vernon, le 4 mars 1793. Après lui, le château et la forêt d'Eu devinrent la propriété de S. A. S. Louise-Marie-Adélaïde de Bourbon, duchesse d'Orléans, sa fille, seule survivante des six enfants qu'il avait eus de son mariage avec Marie-Thérèse-Félicité d'Est, princesse de Modène, qui les transmit lors de son décès, en 1821, à S. A. S. Louis-Philippe d'Orléans, dont hérita, le 25 août 1850, S. A. R. Louis-Philippe Albert, comte de Paris, aujourd'hui possesseur de ce domaine.

Le titre de comte d'Eu a été relevé, le 29 avril 1842, par Louis-Philippe-Marie-Ferdinand-Gaston d'Orléans, fils de S. A. R. Monseigneur le duc de Nemours.

Page 88, note (*b*). *Quel homme que Vadicourt?*..... Balthasar de Vadicourt, maire de la ville de 1766 à 1769, puis de 1773 à 1775, était petit-fils de Michel, maire de 1713 à 1716 et fils de Philippes-Louis-Maximilien de Vadicourt, président de l'élection, qui fut ensuite maire, après son fils, de 1779 à 1783, et anobli par lettres-patentes données à Versailles en avril 1786, présentées à la Cour des Comptes, Aydes et Finances de Normandie, le 24 juillet 1786, et enregistrées le 25 septembre suivant. M. Balthasar de Vadicourt, après la mort de Mgr le duc de Penthièvre, au moment de la saisie des biens de Mme la duchesse d'Orléans par le gouvernement révolutionnaire, parvint à recueillir la plus grande partie de la collection de tableaux formée par Mlle de Montpensier, que sa veuve, Mme de Vadicourt, remit religieusement en 1814 à sa légitime propriétaire.

ESSAI
DE TRADUCTION
EN VERS BURLESQUES
D'UNE
PIECE DE POÉSIE LATINE,
INTITULÉE:
EXCIDIUM AUGI.

ESSAI
DE TRADUCTION

EN VERS BURLESQUES

D'UNE

PIECE DE POÉSIE LATINE,

INTITULÉE:

EXCIDIUM AUGI.

PAR MONSIEUR ***

A AMSTERDAM,

Et se trouve à Rouen,

Chez Et.-Vinc. Machuel, rue S. Lo,
vis-à-vis le Palais.

M. DCC. LXVIII.

OBSERVATIONS
PRÉLIMINAIRES
SUR LA VILLE D'EU.

COMME l'intelligence du Poëme qui a paru depuis deux ans fous le titre : d'*Excidium Augi,* dépend de la connoiffance des faits hiftoriques qui concernent la ville d'Eu, que bien des perfonnes pourroient ignorer; j'ai cru qu'il étoit nécessaire de donner en tête de la traduction en Vers Burlefques, que j'en ai faits, une idée de cette ville & des événements les plus remarquables qui se trouvent inférés dans ce Poëme du temps des Romains & fous le Régne de Louis XI, puifque c'eft principalement à ces deux époques que le Poëte s'eft arrêté; je donnerai auffi une idée de fon état actuel, afin de mettre le Lecteur à portée de connoître cette ville, & de le faire juger de fa décadence.

ij

Eu, aujourd'hui petite ville de Normandie, eft fituée au Nord-Est de cette Province sur les Frontieres de la Picardie, dans une vallée qui s'étend du Sud-Eft au Nord-Oueft de cette ville, & aboutit à la mer entre le Tréport, Bourg fameux par fon ancienneté & par fon Port qui étoit autrefois confidérable, fitué au pied d'une montagne qui forme cette vallée vers le Sud-Oueft, & Mers petit village auprès de la mer vis-à-vis du Tréport, au pied d'une autre montagne au Nord-Eft, qui régne le long de cette vallée du côté de la Picardie. Cette vallée eft arrofée par une riviere qui fépare les deux Provinces; elle coule auprès de cette ville, baigne le Fauxbourg de Picardie, & va fe décharger dans la mer, qui n'en eft éloignée que d'une demie lieue. Cette petite riviere s'appelloit autrefois *Effua, Effia, Auva,* &c. Mais ce nom a été changé en celui de *Brifella,* c'eft-à-dire, la Brifante, la Séparante. La ceffion que fit Charles le Simple en 912 à Raoul, Chef des Normands, de la Province de Neuftrie, fut caufe de ce changement, parce qu'il lui donna pour limite de ce côté-ci la riviere qui paffe à Eu.

La situation de cette ville dans les prairies lui a donné, selon M. Huet, le nom d'Eu ; car *Au, Aw, Awe*, signifie en Allemand un pré. Cette ville est nommée dans les anciens Ecrivains *Auga, Augum, Aucum,* & dans les Auteurs Anglois, *Ou*, d'où l'on a fait le nom d'Eu.

On peut mettre Eu au rang de ces villes infortunées, qui nous fournissent des exemples mémorables des caprices du sort & de l'inconstance de la fortune. La cause de ses malheurs est peut-être même sans exemple ; car il est à remarquer qu'elle trouva sa ruine dans sa grandeur & son opulence ; mais avant de passer de cet événement qui pénètre encore de la plus vive douleur les cœurs vraiment patriotiques. Il est à propos de donner une idée de la ville d'Eu du temps des Romains.

Dans le temps que César faisoit la conquête des Gaules, Eu étoit une place si forte et si considérable, qu'il choisit cette ville et y mit une nombreuse Garnison pour tenir dans le respect les habitans du pays de Caux et les Morins, aujourd'hui les Picards, dont il venoit de se rendre maître. Cette ville pouvoit bien avoir alors deux lieues de circuit. Deux monuments des Romains confervés jufqu'à nos jours, prouvent inconteftablement que de leur temps la ville d'Eu étoit une place importante; le premier eft un chemin militaire qui conduit d'Amiens, & même, dit-on, de Soiffons directement à cette ville; l'autre eft une ancienne porte de la ville préfentement murée, flanquée de groffes tours, qui a toujours porté le nom de la porte de l'Empire, comme la rue qui y conduit le porte encore à préfent. Toutes deux furent ainfi nommées à caufe de ce grand chemin des Romains qui venoit s'y terminer. Ce chemin militaire fait connoître que de leur temps Eu & le Tréport étoient les lieux les plus confidérables, & le Port de mer le plus fameux qu'il y eût alors fur toute la côte depuis Boulogne jufqu'à l'embouchure de la Seine, & qu'ils regardoient ce port comme le plus commode pour y embarquer leurs troupes toutes les fois qu'ils voudroient les faire paffer en Angleterre. C'eft ce que fit Céfar, lorfqu'il entreprit la conquête de cette Ifle; car il dit lui-même au quatrieme Livre de fes Commentaires, qu'ayant fait embarquer fon Infanterie au port des Morins qui eft Boulogne, fuivant Samfon, il envoya fa Cavalerie *in ulteriorem portum*, afin qu'elle s'embarquât de même. Ce port le plus éloigné au fens de Céfar, étoit celui du Tréport; car par rapport à la Gaule Belgique qui fe terminoit de ce côté-ci à la Seine, c'étoit fans doute le port qui étoit le plus loin, même le dernier, puifque depuis Boulogne jufqu'à la Seine, à l'exception du Tréport, dans toute l'antiquité, on ne peut jamais faire voir qu'il y ait jamais eu aucun port confidérable.

Les Gaulois donnoient au Port que les Romains nommoient *ulterior portus*, dont les François ont fait depuis le nom de Tréport, celui d'*Effuoriacum navale*, c'eft-à-dire, le Port des *Euffiens*. C'eft le fentiment d'un grand nombre de Savants que les habitans du Comté d'Eu ayent été ces Euffiens, dont parle Céfar. Les Traducteurs de fes Commentaires fe font certainement trompés, lorfqu'ils ont pris, l'*ulterior portus*, pour un nom générique, puifque c'étoit le nom qui, depuis les Romains, étoit venu propre au port des Eufſiens, qui étoit alors auſſi fameux que celui de Boulogne.

Lorſque la puiſſance des Romains s'anéantit dans les Gaules, cet ancien Port des Eufſiens, ce *portus ulterior,* des Romains, en un mot, la ville d'Eu, qui ne faiſoit preſqu'une même choſe avec Tréport, n'avoit pas perdu tout ſon éclat, & ce Port étoit encore des plus conſidérables ſous le régne de Louis XI. Ce temps eſt le plus intéreſſant pour l'intelligence du Poëme, puiſque les malheurs arrivés à cette ville ſous ce régne en font le principal objet.

Philippe de Comines fait voir combien les habitans de la ville d'Eu étoient alors formidables ſur mer, lorſqu'il rapporte dans ſes Mémoires, Liv. Ier, Chap. VII. que des Armateurs de ladite ville ayant enlevé en 1740 un Vaiſſeau appartenant à des Flamands, ſujets du Duc de Bourgogne : cela fut cauſe en partie de la guerre, qui fut déclarée cinq ans après entre Louis XI & le Duc. Suivant le même Auteur, ces Armateurs étoient ſi hardis, qu'ils alloient enlever les Vaiſfeaux du Roi d'Angleterre, qui tranfportoit des troupes à Calais pour attaquer la France. Eu conferva fon ancienne fplendeur jufques fous le régne de Louis XI ; mais cette ville fut réduite en cendre par ordre de ce Roi le 18 Juillet 1475, & voici le motif de cet événement. Le Roi d'Angleterre dans le deffein de ruiner le Port & cette ville, fit courir le bruit qu'il alloit faire une defcente en Normandie, s'emparer de la ville d'Eu pour en faire fa place d'armes. Louis XI donnant dans le panneau, ne trouva de moyen plus fûr pour lui en ôter l'envie, que de faire brûler cette ville. Ce trop crédule prince envoya fur le champ pour exécuter cet embrafement, le Maréchal de France Joachim Rohan (1), Seigneur de Gamaches

---

(1) *Rouault* et non *Rohan*, Joachim Rouault, s' de Boismenard, de Gamaches et de Châtillon, maréchal de France en 1461, sénéchal de Poitou et de Beaucaire, connétable de Bordeaux, gouverneur de Paris, premier écuyer de Louis, dauphin de France, chargé en 1472 de la défense de Beauvais pendant le siège si fameux par l'héroïsme de Jeanne Hachette, mort le 7 août 1478, après avoir assisté à deux batailles et dix-sept sièges, fils de Jean Rouault, s' de Boismenard, chambellan du Roi, tué à la bataille de Verneuil en 1424 et de Jeanne de Bellay.

(Note de l'Éditeur).

& quatre autres Seigneurs [a] avec 100 lances chacun, il n'eſt parlé dans le Poëme que du premier.

Ces Seigneurs arrivés à Eu dès le matin du mardi 18 Juillet 1475, comme nous l'avons dit ci-deſſus, communiquerent leur ordre au Maire Guillaume du Perrin & aux Echevins, donnerent quelques heures aux habitans pour ſauver leurs meubles, & firent mettre le feu à 9 heures du matin. Le Château & toute la ville furent conſumés par les flammes, à l'exception des Egliſes qui furent conſervées, & quelques maiſons qui furent négligées. Le malheur de cette ville ſervit beaucoup à aggrandir Dieppe et ſaint Valery, villes circonvoiſines 'où les habitans ſe réfugierent; de ſorte que la ville d'Eu n'a jamais pu ſe relever, non plus que le port du Tréport qui eſt aujourd'hui peu conſidérable. Il n'y a preſque point de commerce; une compagnie de Négo-

---

[a] Les Seigneurs de Briquebec, Jean du Bellai, Neveu du ſuſdit Seigneur des Gamache, Charles d'Alouville & François de la Sauvagere.

ciants qui vient de s'y établir pour la pêche de la morue, fait efpérer qu'il pourra augmenter par la fuite [a].

Il y a à la ville d'Eu, Bailliage, Election, Maîtrife des Eaux & Forêts, un Gouverneur, un Maire & deux Echevins; quatre Paroiffes en y comprenant celle de la Trinité qui eft dans le Faulxbourg de Picardie, Diocéfe d'Amiens. Il y a une Abbaye de Chanoines Réguliers de la Congrégation de France & un Couvent de Capucins; quatre Communautés de Filles; favoir, une d'Urfulines, une d'Hofpitalieres de l'Ordre de S. Auguftin, une des Sœurs de la Charité, dites Sœurs Grifes; une autre Communauté des Sœurs Grifes, qui ont foin des enfans trouvés, élevés dans l'Hôpital-Général, fondé par fon Alteffe Séréniffime, Mademoifelle de Montpenfier. Il y a auffi un Collége qui doit fon exiftence

---

[a] Jufqu'ici nous avons fuivi prefque mot à mot les fentiments de M. Piganiol de la Force, & rapporté ce qu'il dit dans fa defcription de la France, tome neuvieme, article Eu, pages 227 & fuiv.

x

aux bienfaits des Ducs de Guife, & de fon Alteffe Séréniffime Monfeigneur le Duc du Maine, Prince auffi illuftre par fa naiffance que par fes vertus & fon goût pour les Belles-Lettres, & la protection dont il les honora ; ainfi qu'aux foins de Monfeigneur le Comte d'Eu (1), en qui l'on voit revivre, les vertus de fon augufte Pere. L'Eglife eft fous l'invocation de S. Michel, & l'on y remarque les magnifiques Tombeaux de Henri de Guife, furnommé le Balafré, & de Catherine de Cleves fa femme. Le Collége eft tenu aujourd'hui par des Prêtres Séculiers, depuis la fortie des Jéfuites.

La Collégiale ou Abbaye des Chanoines Réguliers dont il eft parlé dans ce Poëme, a été fondée en 1002 par le Comte Guillaume premier. Son fils Robert fonda l'Abbaye du Tréport en 1036, & Henri, fils de Robert, fonda celle de

---

(1) S. A. S. Mgr le duc de Penthièvre, Louis-Jean-Marie de Bourbon, duc de Penthièvre, comte d'Eu, grand amiral et grand veneur de France, gouverneur de Bretagne, fils du comte de Toulouse et de Marie-Sophie-Victoire de Noailles, né le 16 novembre 1725, mort le 4 mars 1793.

(*Note de l'Éditeur*).

Foucarmont dans le même Comté d'Eu en 1130. Au-deſſus du grand Autel de la Collégiale l'on voit la Chaſſe de S. Laurent, Archevêque de Dublin, mort à la ville d'Eu, & canoniſé en 1226. Ce Saint après ſa mort opéra quantité de miracles, dont le détail ſe voit dans une petite brochure imprimée en 1759, intitulée : *Abregé de la Vie & des Miracles de S. Laurent,* Archevêque de Dublin (1). Les Fidèles ont une ſinguliere dévo-

(1) Cette petite brochure de 110 pages, devenue excessivement rare, car nous n'avons pu en retrouver qu'un exemplaire ayant perdu son titre et que nous supposons avoir été imprimée à Rouen, puisqu'elle se termine par cette approbation : « J'ai lu la Vie et l'office de St Laurent » d'Eu dans lesquels je n'ai rien trouvé que de conforme à la Religion » et aux bonnes mœurs. A Rouen, le 2 novembre 1558.
» RUELLON
» Chanoine et grand Pénitentier
» de l'Église de Rouen »

a été réimprimée sans date à *Abbeville de l'imprimerie de Boulanger* textuellement, sous ce titre vraisemblablement resté le même : *Abrégé de la vie et des miracles de St Laurent Archevêque de Dublin et patron d'Eu avec un office et des prières en son honneur par un chanoine régulier de l'abbaye.*

C'est évidemment un abrégé de *La Vie de S. Laurens le confesseur Archevesque de Dublin en Hybernie par Nicolas Le Carpentier, chanoine et prieur de l'Abbaye de N. D. d'Eu.* Paris, Rolin-Thierry 1604, et de *La Vie et les Miracles de saint Laurens, Archevesque de Dublin en Irlande, Protecteur et Patron de la ville d'Eu en France, dédiée à Monseigneur*

tion à ce Saint, dont le Poëte dans son ouvrage a très-bien célébré le mérite & les vertus.

Telle est l'idée de la ville d'Eu, que j'ai cru nécessaire de donner au Lecteur. Je me suis renfermé pour éviter la longueur dans ce qui pourroit avoir rapport au Poëme latin de la composition de M. Roussel, ci-devant Professeur de Rhétorique au Collége de cette ville, & maintenant Professeur de Seconde au Collége de Navarre à Paris : le jugement favorable qu'en ont porté les Savants & tous ceux des Membres de l'Université qui en ont eu connoissance, me fait espérer que le Public voudra bien recevoir favorablement l'Essai de traduction que je lui en présente toute imparfaite qu'elle est, & bien inférieure à la Piece latine que Virgile même ne désavoueroit pas.

<small>*l'Illustrissime et Religiosissime François du Harlay, Archevesque de Rouen, Primat de Normandie, &a par le P. Jean Guignon, religieux de l'ordre des Minimes. A Rouen, chez Jean Le Boullenger près le College des PP. Jésuites avec Approbation des Docteurs MDCLIII.* in-8° de xxii et 192 pages : deux volumes d'une grande rareté.</small>

<small>(Note de l'Éditeur.)</small>

ÉPITRE

A M. CHARLE,[1]

BAILLY DU COMTÉ D'EU.

TOY qui possédes la science
   De la fine jurisprudence,
Qui sais les coutumes, les us,
Le Digeste, l'utrumque jus,
Item, le Code & les Pandectes,
Pour bien juger toutes les sectes
Des disputans, des chicaneurs,
Connus sous le nom de plaideurs ;
Charle, en tête de ma brochure,
Souffre un peu que ton nom figure ;

---

(1) Jérôme-François-Marin Charle, bailly et subdélégué de l'Intendance en la ville d'Eu, anobli par lettres-patentes données à Versailles en juin 1783, présentées le mercredi 9 juillet 1783 à la Cour des Comptes, Aydes et Finances de Normandie et enregistrées le 16 desdits mois et an.

Les armoiries qui lui furent alors concédées : *d'azur, au chevron d'argent, accompagné en pointe d'un demi-vol aussi d'argent, au chef cousu de gueules, chargé d'un char à l'antique d'or*, comme beaucoup de celles réglées dans la seconde moitié du xvııı^e siècle, par d'Hozier, juge d'armes de France, sont une sorte de jeu de mots ; CHAR, L.

(*Note de l'Éditeur.*)

EPITRE

C'est le secret, comme je crois,
De lui donner un certain poids.
De bonne foi, qu'est-ce qu'un livre ?
Qu'au public un sot Auteur livre
Sans offrir paginâ rectâ
A Monseigneur, & cœtera ?
Il perd moitié de son mérite,
Et sert de pâture à la mite.
Eût-il tout l'esprit de Gresset,
Et le beau style d'Aroüet, *
Je doute fort qu'on lui fît grace,
S'il n'avoit point de dédicace ;
Tant chez nous l'usage est puissant,
Et veut tout despotiquement !
Souffre donc que je te dédie
Charle, cette badinerie,
Qui te prouve l'ambition
Que j'ai de trancher du Scarron.
Après tout, est-ce un crime d'être
Curieux d'imiter son Maître ?
Déjà de plus d'une façon
Avec lui j'ai relation.

---

* M. de Voltaire.

EPITRE

L'on sait, puisqu'il en fit bravade,
Qu'il fut un célebre malade ;
Chacun sait dans ce pays-ci
Que je suis bien malade aussi.
Dans ses souffrances il sut rire :
Pleurai-je moi ? qui peut le dire ?
Il eut toujours de l'enjouement,
Ma foi, j'en ai passablement ;
Quant à l'esprit, c'est autre chose,
Et du diable, si jamais j'ose
Faire avec lui comparaison.
Encor ai-je un peu de raison ?
Je l'entends m'imposer silence,
Et me dire avec éloquence,
Qu'épître comme celle-ci
Ne doit pas s'allonger ainsi ;
Que la plus courte est la meilleure.
Charle, dans un autre quart-d'heure
Je parlerai de tes vertus ;
Je serois ici trop diffus,
Si j'entamois cette matiere.
Oh ! Dieu quelle vaste carriere
S'ouvriroit lors à mes accents !
Le moyen d'arrêter des chants

EPITRE

Qui célébreroient ta droiture,
Ton goût pour la littérature,
Ta douceur & ta probité,
Ton air affable & ta bonté.
Déjà peut-être je t'ennuie :
Finissons cette litanie,
Pour te jurer sur mon honneur,
Que je suis bien ton serviteur.

T. P. C. de S. Jacques d'Eu.

ESSAI
DE TRADUCTION
EN VERS BURLESQUES,
D'UN
POÉME LATIN
INTITULÉ
EXCIDIUM AUGI.

EXCIDIUM AUGI.

REGNANTE LUDOVICO XI, CARMEN.

Tristibus everfam flammis crudeliter Augum
Abfumptasque domos, juffosque excedere Cives
Sedibus è patriis, & tantis cladibus urbes
Crefcere vicinas, externaque furgere tecta,
Hinc canere aggrediar.....

---

[a] Dans ces vers & les fuivants, l'Auteur a principalement en vue les villes de Dieppe & de S. Valery en fomme, dont on fuppofe que les habitans ne connurent l'utilité des arts & l'aifance qu'ils procurent que depuis la tranfmigration des Eudois devenus citoyens de ces deux villes.

TRAVESTI.

OR écoutez, je chante d'Eu
Le sac & le terrible feu
Qui consuma tant de guinguettes,
Tant de maisons & maisonnettes,
Que tous les manants de ce lieu
A leurs foyers disant adieu,
Sans oublier pêle & pincettes,
En délogerent sans trompettes.
Cités voisines, leur malheur
Fut cause de votre grandeur ;
[a] Vous n'étiez lors que des bicoques :
Vos habitans pêcheurs de coques
Fumoient le long de vos remparts,
Quand ils virent de toutes parts
Arriver ces nouveaux visages
Chargés de leurs petits bagages.
Ces étrangers vous firent bien ;
Sans eux, hélas ! vous n'étiez rien.
En amenant de leur patrie,
Les arts, le goût & l'industrie,
Ils firent gagner les maçons,
Et les bâtisseurs de maisons,
Reculer bien loin vos limites,
Et bouillir toutes les marmites,

......*Tu quæ mihi Rupefucaldi*
Virtutem moresque pios animumque benignum
Ora per & populos digno defcribere cantu,
Indiclosque aliis tribuifti fundere verfus,
Mufa pares, oro, fub pectore fuffice vires,
Et merito propriam capiti da cingere laurum,

---

[a] Quand M. de la Rochefoucauld, Archevêque de Rouen, vint à Eu au mois de Juin 1766, M. Rouffel à qui nous fommes redevables du Poéme latin que j'effaie de traveftir, lui prefenta une petite piece de Poéfie que certaines perfonnes peu prévenues du mérite de l'Auteur trouverent fi bonne, qu'elles firent courir le bruit que ces mêmes vers avoient été faits autrefois pour feu M. le Cardinal de la Rochefoucauld, grand Aumônier de France ; ce qui fait dire ici à notre Poëte :

Indiclofque aliis tribuifti fundere verfus.
)

Vos peuples fecs comme landiers
Devinrent gras comme Pluviers ;
Avouez-le fans gafconnade,
Vous devez à cette peuplade
Le bonheur de peter fi haut.
Toi, qui de la Rochefoucauld
M'infpiras de fi belles chofes,
[a] Toutes neuves (foit dit pour caufes)
Ne pourrois-tu point par hazard,
Petite Muse au nez Camard,
De moi faire un autre Virgile,
M'en faire attraper le haut ftyle,
Et les vers nobles & pompeux ?
Tu peux très-bien, fi tu le veux,
Prouver que je ne fuis pas bête,
Et ceindre de laurier ma tête.
Je le crois là tout auffi bon
Qu'aux fauffes & fur le jambon.
Ors fus, qu'on garde le filence,
Meffieurs, j'ai touffé, je commence.
 Un mont à droite, à gauche un mont
Elevent au Ciel chacun leur front,
Dans un Canton de la Neuftrie

Quâ se Neustriaco frangens in littore pontus
Æstuat, & nostro vi dividit orbe Britannos,
Florea sese aperit viridanti gramine vallis,
Hinc atque hinc gemini, sinuata cacumina, montes
Montibus & geminis extremos littore bini
Stant vici, quorum ulterior cognomine Portus
Urbis habet speciem, turres & tecta domorum
Ostentans procul, alter inops de cespite villa,

[a] Le village de Mers sur le bord de la mer; c'est la derniere Paroisse du Diocèse d'Amiens.

[b] La grande allée du Parc du Château d'Eu qui sert de promenade aux habitans de la ville, ainsi que les autres allées qui lui sont paralleles. On voit du bout de ces allées la mer, le village susdit de Mers & une partie du Tréport.

Où la mer souvent en furie
Voit briser l'orgueil de ses flots
Sur les étr..... des matelots,
Dont est bordé tout le rivage ;
Mon Dieu, le charmant paysage
Qu'on découvre dans l'entre-deux,
Pour peu que l'on ait de bons yeux !
C'est bien la plus belle vallée,
Qu'on puisse voir dans la contrée.
Elle a de large, ils sont comptés,
Six mille pieds bien mesurés ;
D'herbes, de fleurs une abondance
Et le plus beau gazon de France.
Ah ! qu'à leur aise le baudet,
Le cheval & la vache à lait
Y broutent la belle verdure
Qui fait sa plus riche parure ;
Mais revenons à nos moutons,
Et parlons du pied des deux monts.
[a] Au pied de l'un est un village,
Tirant son nom du voisinage
De la mer qui frise l'endroit :
Je pourrois le montrer au doigt,
Si j'en étois plus à portée ;
[b] Par exemple au bout de l'allée,

Cui maris allabens fecit vicinia nomen,
At vallem placidus sinuoso vertice rivus
Sese circumagit ; nostri dixére Bresellam
(Quod Morinorum agros Normannis separat agris)

[a] Le Bourg du Tréport.

[b] Une société de bons Bourgeois de la ville d'Eu a fait, depuis environ quatre ans, construire trois Bateaux qui partent tous les ans du Tréport pour aller faire la pêche de la Morue en Islande. M. la Voisien est l'Agent de cette Société : un ou deux de ces bateaux de retour de cette pêche vont à celle du hareng qui rapporte encore un certain produit.

Quoiqu'il en foit, la pauvreté
Y régne l'hyver & l'été ;
Au pied de l'autre en apparence
[a] Eft un gros Bourg de conféquence,
On y voit des toits, des maifons,
Des tours, des clochers, des balcons,
Une Chapelle, des Eglifes,
Un petit Couvent de Sœurs grifes ;
Un Maire avec fes Echevins
Et des Moines Bénédictins,
Des Bateaux qui vont en Iflande,
[b] (C'eft bien plus loin que la Hollande)
Pour nous fournir à moins d'argent
De la morue & du hareng.
Convenons donc de bonne grace
Que c'eft une importante place
Que le Bourg fameux du Tréport ;
Et la fûreté de fon port
Petit, mais commode & facile,
Doit lui donner le nom de ville.
Mais que vois-je ? un gentil Ruiffeau
En ferpentant, conduit fon eau
Tout à travers de la prairie ;
Dites-moi fon nom, je vous prie.

(1) *Evessam, veteres populi dicuntur Evessi,*
Gens celebrata viris bello præclara, domique
Et cui Religio, Superûm cui Numina cordi,
Non procul ipsa ingens ingentia mœnia vallis
Lævâ in parte nitens urbs ostentabat, & altis
Turribus instructum tollebat ad æthera culmen ;

[1] Quelques Critiques de la Poésie de M. Roussel, n'auroient-ils point pû blâmer ici le changement de quantité dans la premiere syllabe de ces deux mots, *Evessam, Evessi*, dont il fait dans le même vers l'une breve & l'autre longue ?

[a] Cette petite Riviere qui prend sa source à Villers au-dessus d'Aumale, & qui porte ses eaux dans la mer entre Mers & le Tréport, après avoir perdu le nom d'Evesse, fut appellée depuis Brisante ou Séparante, comme nous l'avons dit dans la Préface, parce qu'elle sépare en effet la Normandie d'avec la Picardie : on l'a nommée dans la suite Britelle, & aujourd'hui elle n'est plus connue que sous le nom de Bresle.

[b] Les Anglois.

A ce Ruisseau nos bons ayeux,
Bons nomenclateurs, grands vesseux,
Donnent un nom sentant la fesse,
Un nom puant, le nom de Vesse;
Mais nos modernes plus décents
Le nomment depuis quelque temps
[a] De l'honnête nom de Briselle;
Aussi cette Riviere est-elle
Le mur de séparation
Qui divise la nation
Des Morins ou de Picardie
D'avec celle de Normandie.
Ah, quel peuple! en fut-il jamais
De plus célebre en guerre, en paix?
Servant Dieu, croyant nos mysteres,
Pas un n'oublioit ses prieres.
Jadis leur ville fleurissoit,
Et de très-loin on la voyoit,
Tant étoient hautes ses murailles,
Ses tours qui n'étoient pas de pailles,
Et qui logeoient de bons Canons
[b] Au service des grands Bretons:
La Cité d'Eu faisoit envie
Aux étrangers quand l'incendie

Parte humilis, parte assurgens in montis apertam
Planitiem triplici circùm hîc ex ordine cingit
Ulmus, & hiberno tutam deffendit ab Euro,
Hanc olim forti Romanus milite Cæsar
Legerat eximiam cunctis ex urbibus arcem
Imperii Caletensis agri quâ nobile robur

---

[a] On appelle la Chauffée la partie de la ville d'Eu, qui commence à la féparation de la ville Normande d'avec la Picardie, & qui s'étend ainfi jufqu'à la fortie du Fauxbourg. La Haute fait partie de la Cité, & la Baffe renferme le Fauxbourg.

[b] Hors l'enceinte des murailles de la ville, il y avoit avant l'incendie une double rangée d'arbres tout autour du Rempart, un petit nombre échappa à la fureur des flammes ; mais aujourd'hui MM. les Maires s'occupent efficacement à la réparation de cette perte, ayant déjà fait planter depuis peu cinq à fix mille arbres autour des murs de la ville.

Vint y faire tout ce fracas.
Elle avoit du haut & du bas :
Partie occupoit la vallée,
[a] Jufqu'au-delà de la Chauffée,
L'autre infenfiblement montoit,
Et vers l'Oueft s'élevoit
Jufqu'au fommet de la montagne ;
On étoit en pleine campagne
Hors de l'enceinte des remparts,
[b] Environnés de toutes parts
D'un double rang d'ormes, de frênes
(Et pourquoi pas auffi de chênes ?)
Qui défendoient chaque maifon
Des fougues du fieur Aquilon.
Auffi Céfar, cet habile homme,
Plus fin qu'aucun qui fût à Rome,
Difoit en fe gratant le front :
(Car le drôle avoit le nez long)
Parfangué depuis que je trotte
Avec mes troupes dans la crotte,
Je ne vois qu'Eu qui foit mon fait,
J'en ferai, c'est bien mon projet
Un des Boulevards de l'Empire ;
Car aurois-je fujet de rire,

Conflantesque fide Morinos fub jure teneret,
Dùm fibi per liquidas ignoti gurgitis undas,
Heu ! cæcum tentabat iter, dubiamque triumphis
Materiam incerto fidens quærebat ab hofte.
Indè cibos, indè arma, fibi fidum indè parabat
Tyronem, merito Romani Civis honore

---

[a] Les habitans du pays de Caux. C'étoit autrefois, comme ils le font encore aujourd'hui, des gens belliqueux, entretenants toujours une affez bonne milice. Céfar avoit donc raifon de s'en défier & d'en craindre quelqu'infulte, dont il fe mit à couvert en fortifiant la ville d'Eu.

[b] Les habitans de Picardie. Ce que l'on dit ici d'eux, ne regarde que le commun du Peuple, qui ne paffe pas en effet pour avoir beaucoup de fineffe et de pénétration.

[a] Si contre nous les fiers Cauchois,
Hommes vaillants & fins matois,
Avoient quelque jour la malice
De faire mouvoir leur milice,
Et les bons diables de Morins,
[b] Qui ne passent pas pour gens fins,
Pourroient faire quelque frédaine,
(Car le mauvais exemple entraîne ?)
A ce mal Eu remédiera,
Et l'un & l'autre bridera,
Tandis que porté par Neptune,
Ailleurs j'irai chercher fortune :
Disant cela, César comprit
Qu'il parloit en homme d'esprit ;
Il rendit donc Eu respectable,
C'est trop peu, disons redoutable ;
Il y mit forte garnison,
Qu'il recrutoit dans le Canton,
Il la fournit en cas de guerre
De tout l'attirail militaire,
Et le compere avoit grand soin
De s'en servir dans le besoin.
Disposé toujours à bien faire,
Le peuple d'Eu pour son salaire

*Gaudebat populus longo poſt tempore nomen
Imperii, vicusque & portæ rudera ſervant,
Per quæ bella ferens Legio Romana ſolebat
Sæpiùs ire vias atque ultrà tendere portum.
Poſtquam Romulidûm retrô ſublapſa referri
Res cœpit ; nullisque furens immiſſus habenis
Barbarus imperii fines populatus & ipſum
Appetiit caput, & dominam vi cœperat urbem.*

[a] Cette porte, comme nous l'avons remarqué dans la Préface, eſt actuellement murée, & la rue qui y aboutit conſerve encore le nom de l'Empire.

[b] On croit encore appercevoir quelques foibles apparences de la ſituation de ce chemin qui, commençant à la porte ſuſdite de l'Empire, prenoit ſa direction vers Amiens & de là à Soiſſons.

[c] Les peuples du Nord, les Goths, les Oſtrogoths & les Lombards, toutes ces Nations inonderent l'Empire Romain, lorſqu'il étoit arrivé au plus haut point de ſa grandeur ; tout le monde ſait les ravages qu'elles y firent. Il fut démembré ſous l'Empire d'Honorius, vers la fin du quatrieme ſiecle, au commencement du cinquieme.

Par un bon acte en parchemin,
Fut reçu citoyen Romain.
Dans Eu, j'oubliois de le dire,
[a] On voit la porte de l'Empire ;
Là si ce qu'on dit est certain,
[b] Aboutissoit le grand chemin
Par où la légion Romaine
Alloit courir la prétentaine,
Quand elle vouloit prendre effort,
Et s'éloigner un peu du port.
Quand Rome vint en décadence,
Et quand foible par sa puissance
Elle fut contrainte à la fin
D'abandonner bien du terrein ;
Elle eut beau faire la grimace
Il fallut céder mainte place
[c] A ces barbares effrenés,
Qui tomboient en vrais forcenés
Sur la lisiere de l'Empire ;
Ils firent encore bien pire,
A Rome ils furent d'un plein saut,
Et prirent la ville d'assaut.
Pour des Romains quel coup de foudre
De voir toute leur gloire en poudre !

B

Diversa imperia & diversos ferre tyrannos
Servitio populi coguntur ; Gallia Francos
Tutores sibi legit, & in socia arma vocatis
Expellitque Gothos, Romanorumque secures
Fregit, & in nomen Francorum & jura recepta est.

---

[a] Cet Auteur, me pourra-t-on dire, n'a jamais existé, d'accord. Mais ce qu'on lui fait dire ici est très-probable. Qu'on se figure un citoyen de Rome ambitieux & jaloux de sa gloire ; est-il surprenant que dans le moment de cet assaut imprévu, il perdit l'appétit, & que le désespoir parmi le nombre des mécontents en portât quelqu'un à terminer ses jours par une scène tragique ?

[b] Peu de personnes ignorent que vingt ans après la Bataille de Soissons, où Siagrius, Général des Romains, fut décapité par ordre de Clovis, ce Prince gagna la Bataille de Vouillé, près Poitiers, où Alaric, Roi des Goths, fut tué par Clovis, qui soumit à sa domination tout le pays depuis la Loire jusqu'aux Pyrénées. Son fils Childebert fit la guerre à Alamaric, Roi des Visigoths, qui fut tué par ses gens : deux ans après les Visigoths furent chassés de la partie des conquêtes de Clovis, dont ce peuple s'étoit emparé. Enfin Vitigès, Roi des Ostrogoths, céda aux Francs tout ce qu'il possédoit dans les Gaules en 536.

[a] Ce jour-là, dit certain Auteur,
Pas un ne soupa de bon cœur,
Et trop sensible à tel outrage,
Un Consul se pendit de rage
De n'avoir pas dans le Sénat,
Pu prévoir cet échec & mat.
Divers Empires vont renaître,
D'autres tyrans vont reparoître.
Pauvres peuples, gagnerez-vous
Au changement ? non : choux pour choux
Que Jacques ou Jean sur vous domine,
C'est même fardeau sur l'échine ;
La Gaule eut des destins meilleurs,
Et prit les Francs pour défenseurs ;
Joignant avec eux sa milice,
Elle eut la fortune propice,
Et fit des coups bien importants
Sous les droits & le nom de Francs.
Ne fit-elle pas des merveilles
En donnant sur les oreilles
[b] A ces coquins de Visigoths ?
Elle chassa tous ces marauds
Jusqu'au-delà de ses domaines,
Et brisa les haches Romaines

*Non hinc deterior facta est fortuna potentis
Oppidi, & indomitos contrà stetit usque Britannos,
Præsidium invictum classesque virosque frequentes
Contudit, & primâ vetuit consistere terrâ.
Ergo dolens Rex Anglus opes à milite fractas
Augæo nullamque sibi superesse salutem,*
» *Hæc secum : Mene incepto desistere victum,*

[a] Edouard IV.

Qu'elle avoit en averſion.
Pendant tout ce beau carillon,
Penſez-vous qu'Eu perdit ſa gloire ?
Eh non, Meſſieurs, ouvrez l'hiſtoire,
Vous verrez qu'Eu plus d'une fois
Aux Anglois donna ſur les doigts.
Sa citadelle forte & ſûre
Leur donnoit de la tablature,
Elle battit de temps en temps
Leur nombreuſe flotte & ſes gens,
Quand ils étoient prêts de deſcendre
Pour la contraindre de ſe rendre.
Ils entendoient du haut des toits,
Qu'on leur crioit à haute voix :
Eloignez-vous de ce rivage,
Pourquoi braver notre courage
Qui vous ménage ſur les eaux ?
Reſtez-y vous & vos bateaux :
Sur nos bords, Meſſieurs d'Angleterre,
Vous ne mettrez point pied à terre.
[a] Le Monarque Anglois tout dolent
De ſe voir battu ſi ſouvent,
Et qu'on lui barroit d'Eu la porte,
» Maudit Eu, le diable t'emporte,

» *Nec posse in Francos armatum irrumpere fines !*
» *Quippè vetat, primamque ferox Augæus arenam*
» *Deffendit, genioque loci confidit & arte.*
» *Neuſtria ſe noſtro ſubduxerit impia juri*
» *Fœderibus ruptis, Aquitanaque funditùs arva*
» *Perdiderim, & verſis exultet Gallia fatis.*
» *Non ita : namque omnem terramque polumque movebo,*

[a] Cette Province qui avoit appartenu au Roi d'Angleterre par Guillaume le Conquérant en 1066, avoit été réunie à la France fous Jean fans terre, & reprife par Henri V fous Charles VI ; mais en 1450 elle fut pour toujours réunie à la France fous Charles VII.

[b] Ce fut la bataille de Caftillon en Périgord, qui décida du fort des Aquitains ; la défaite des Anglois fit paffer pour toujours ce grand Duché fous la domination Françoife du temps de Louis XI, qui le donna en 1469 en appanage à fon frere. Depuis fa mòrt, qui arriva trois ans après, ce Duché n'a plus été féparé de la Couronne.

» Tu n'es pleine que de forciers,
» Dit-il en trépignant des pieds ;
» Oui, je perdrai ces misérables,
» Fuſſent-ils pires que des diables ;
» Commençons par couper le nés,
» Aux plus fiers, aux plus mutinés :
» C'eſt bien penſer : à plus de mille
» Rendons le mouchoir inutile ;
» Mes deſſeins vont s'exécuter :
» En France je veux pénétrer,
» Et quoique l'Eudois ſe tourmente
» Pour s'oppoſer à ma deſcente,
» Ses efforts feront ſans effet,
» Et je m'en ris comme d'un pet ;
» [a] Quoi ! j'aurai perdu la Neuſtrie
» Par une inſigne perfidie !
» Et malgré la foi des traités
» Duement ſignés & contrôlés,
» [b] L'on m'a ſoufflé les Aquitaines
» Qui faiſoient part de mes domaines !
» La France enfin ſur mon guignon
» Fera des couplets de chanſon !
» Non, non, ce n'eſt pas là mon compte,
» Et je veux réparer ma honte.

» *Burgundosque Duces, & si quis Regulus armis*
» *Prævalet, in Francum civesque ciebo, vel ipsos*
» *Intereà variis bellorum partibus acto,*
» *Insuper arma feram, captoque ingressus in Augo*
» *Sedem constituam portum, pagumque jacentem*
» *Littoribus Bresellæ & frigida rura tenebo.*
» *Indè per excursus Caletûm nunc horrea frangam,*
» *Nunc Morinos & clausa manu capiam oppida forti ;*

[a] C'étoit le Duc de Bretagne & le Duc de Bourgogne qu'Edouard fut mettre dans ses intérêts, comme je le dirai ci-après.

[b] Edouard n'eut pas de peine à gagner S. Paul, Connétable de France qui s'entendit secretement avec le Duc de Bourgogne. Ce Prince, instruit de sa perfidie, le livra au Roi Louis XI, qui le fit décapiter en place de Grève le 19 Décembre 1495.

[c] Le Pays de Caux est un des Cantons de la France le plus abondant en toute sorte de grains.

» Je

» Je ferai diablement mutin,
» Si je puis porter le destin
» A favoriser ma colere ;
» Je vais remuer Ciel & Terre,
» Pour mettre aux trousses de nos Francs
» [a] Des Ducs & des Princes puissants
» [b] Tourner contr'eux le François même,
» Pour pousser tout jusqu'à l'extrême.
» Parmi ce vacarme important
» Je profiterai du moment
» Pour prendre Eu, car il m'est utile
» De me fixer dans cette ville.
» Sans me donner beaucoup d'effort,
» J'aurai bientôt Mers & Tréport,
» D'où je pourrai par quelque ruse,
» (Car enfin je ne suis pas buse)
» [c] Tantôt piller les grains de Caux,
» Tantôt dire aux Morins deux mots ;
» Enfin par mes troupes reglées
» Prendre des villes bien murées ;
» En cela si je réussis,
» Ecoutez ce que je vous dis,
» Je veux être un coquin en titre,
» Un viedaze, un sot, un belitre

» *Usque Parisiacos populari milite muros.*
» *In Solio Francum trepidare jubebimus ipso* ».
Talia vesano secum Rex corde volutans
Eduardus, classemque parat nautasque trucemque
Militiam, cæcâque Ducem mox arte Britannum
Occupat & jungi Burgundo fœdere suadet,
Francigenosque Duces in Regia suscitat arma.
Primus post decimum Lodoix tum Sceptra tenebat
Francorum quo non alius prudentior artes
Exercere suas alienave furta cavere.
Ergo dolum ridens ; nil proficis Anglice ductor,
Inque tuum recident fraudes & furta dolorem.

[a] Dans tous les endroits de ce Poëme où je parle d'Edouard, j'en fais un mot de deux syllabes, comme semble l'exiger la rapidité de sa prononciation, les trois voyelles *o u a,* font ici une diphtongue, du moins je me suis donné les airs d'en faire une ; appuyé de l'exemple d'un célèbre Poëte qui dans le mot *Montesquiou,* fait une diphtongue des trois dernieres voyelles.

[b] Edouard en vint effectivement à bout, & conclut une ligue offensive & défensive avec le Duc de Bretagne & le Duc de Bourgogne, mais elle n'eut aucun effet par l'ambition de ce dernier Prince qui cherchoit à aggrandir ses Etats du côté du Rhin.

[c] Il ne réussit point dans le projet qu'il avoit d'attirer une partie des François dans son parti ; il n'y eut que le Connétable de S. Paul qui parut le servir indirectement, & qui en fut la victime.

» Si l'on ne me voit à Paris.
» Car je prétends que sur son trône
» Louis même tremble & frissonne ;
» S'il peut faire caca de peur,
» Ah, que j'en rirai de bon cœur !
[a] Edouard après tout ce ramage,
Qui n'étoit pas d'un homme sage,
Leve Matelot & soldat
Pour mettre sa flotte en état.
Il falloit pour tenir campagne
[b] Empaumer le Duc de Bretagne ;
Il réussit, & ses raisons
Le firent joindre aux Bourguignons.
[c] En vain voulut-il que la France
Contr'elle servit sa vengeance ;
Louis onziéme, vieux routier,
Et très au fait de son métier,
Etoit lors des Francs le Monarque.
Ah ! qu'il sut bien mener sa barque,
Et se garder des coups fourrés,
Avant qu'ils fussent hazardés !
D'Edouard apercevant la ruse,
» Tu veux me tromper, tu t'abuse,
» Dit-il tout bas ; va, sire Anglois,

*Nempè volens tumidos Burgundi attundere faſtus,
Blanditur Rex ipſe ſuis, Britonumque dinaſtam
Non benè fœderibus furtim confidere ſuadet.*

[a] Louis XI avoit depuis long-temps formé le deſſein d'humilier le Duc de Bourgogne, & de réprimer ſes hauteurs. Ils ſe haïſſoient l'un & l'autre, & dans le court intervalle d'une paix apparente qui ſuſpendoit tout acte d'hoſtilité, les négociations qu'ils faiſoient entr'eux, n'étoient qu'un tiſſu de fourberies & de menſonges. Louis enfin, quelques années après ligué avec les Suiſſes, fait la guerre au Duc de Bourgogne, après s'être aſſuré de la fidélité de ſes Sujets par des témoignages de bonté et de douceur.

[b] Louis ne l'ignoroit pas, mais il feint ici de l'en ſoupçonner ſeulement ; nous avons dit ci-devant que ce Traité n'eut point d'effet par l'ambition du Duc de Bourgogne. Le Duc de Bretagne s'en détacha bientôt quand il reçut cet avis de Louis XI.

» Ta finesse pour cette fois
» De fil blanc me paroit confue ;
» Me prends-tu donc pour une grue ?
» Attends-toi d'avoir le chagrin
» De mettre de l'eau dans ton vin.
[a] Louis pour entrer en besogne,
Et brider le Duc de Bourgogne,
Qui, loin d'être son bon ami,
Etoit son cruel ennemi,
Marque aux siens beaucoup de tendresse,
Les amadoue & les caresse :
» Puissiez-vous par votre valeur
» Du Duc abaisser la hauteur, »
Leur dit-il avec confiance,
» En vous je mets mon espérance.
» Il veut démembrer mes états,
» Pillez les siens, braves soldats,
Pour couper court, Louis les gagne ;
Mais avec le Duc de Bretagne
Il s'y prend d'une autre façon :
» Bon jour, dit-il, mon gros garçon,
» Avec le Duc, ta révérence,
» [b] A-t-elle fait quelque alliance ?
» Ce traité, si tu l'as conclu,

Mox ipfos Anglofque Duces, Regifque Miniftros
Prætentans, donis in fraudem impellit & auro :
Confiliique dolos & fic fcelus omne retexit.
Ergo Gamacidem fido fibi pectore notum
Alloquitur Comitem, dictis & talibus infi..

[a] Louis XI voyant Edouard déterminé à lui faire la guerre, fut gagner le Miniftere Anglois. Il lui en coûtoit pour cela, dit Comines, 16000 écus de penfion. Peu de temps auparavant Edouard fit courir le bruit qu'il alloit pénétrer en France par la ville d'Eu, dont il devoit s'emparer. Ce bruit occafionna l'incendie de cette ville, comme nous l'avons dit dans les obfervations préliminaires. Après cet incendie, les deux Rois conclurent à Amiens une tréve de fept ans, et Louis s'engagea de payer à Edouard tous les ans, tant qu'il vivroit, 50000 écus d'or.

» Ne vaut pas mieux qu'un torche cu.
» Et pourquoi mêler ta mufique
» Avec ce rufé politique ?
» Va, s'il te voit dans l'embarras,
» Il te laiffera dans le las.
Ces deux mots feuls furent le rompre ;
Louis fit plus, il fut corrompre
Les Chefs Anglois fecretement
[a] Par des préfents d'or & d'argent.
L'un eut la fine tabatiere
Avec une riche charniere ;
Un autre eut une montre d'or
Avec un chapeau de caftor :
L'un un baril d'épiceries,
L'autre un ballot de merceries.
Certain Milord aimant le vin,
Eut un quarteau de Chambertin,
Avec une taffe dorée,
Délicatement cizelée.
Un autre reçut pour l'hyver
Un magnifique pet-en-l'air,
Doublé d'une belle fourure
Sans parler de la garniture.
Un beau chapelet de coco

» *Vade, age, Gamacides, mandataque perfer ad Augum*
» *Invito mihi juſſa dari, ſed cogere tantùm*
» *Anglica furia nefas ; cedant ex urbe ſuaſque*
» *Res properè aſportent ſecum, tutasque recedant*
» *In partes, verſis mox mœnibus omnia tecta*

[a] Rohan, cette illuſtre & ancienne Maiſon, ſubſiſte encore aujourd'hui ; Gamaches petit Bourg, à trois petites lieues de la ville d'Eu, eſt le cheflieu de ce Comté.

Qu'un faint Prince de Monaco
Donna jadis à Charlemagne,
Fut le lot du Duc de Bretagne ;
Louis en outre lui donna
(Ce qui bien des gens étonna)
Son cabriolet à la grecque,
Et tout fon baume de la Mecque.
Tous ces préfents, faits de grand cœur,
Montoient, felon certain Auteur,
A quatorze mille piftoles,
Il ne s'en falloit qu'onze oboles.
C'eft, direz-vous, bien de l'argent :
Mais il en falloit tout autant
Pour fubjuguer le miniftere
Et pénétrer tout le myftere.
Sûr de l'Anglois & du Breton
Louis fut gai comme un pinçon,
Ou du moins il le devoit être ;
Mais loin de le faire paroitre,
Il fit le trifte & le dolent.
[a] ROHAN, dit-il, en foupirant,
» Mon pauvre Comte de Gamache
» Va remplir l'odieufe tache,
» Qu'à regret te donne ton Roi,

» *Caſtellumque domoſque omnes abſumito flammis*
» *Vicos & pontes & propugnacula latè*
» *Deſtrue, tunc vacuum Rex Anglicus occupet arvum* ».
Nulla mora eſt forti præcinctus milite ductor.
Gamacides ſubit Augæam feſtinus ad urbem,

---

[a] Edifices, Châteaux, ce Château eſt celui des anciens Comtes d'Eu.

[b] Avant l'incendie de la ville il y avoit deux Ponts dans ſa plus baſſe partie, un ſur chacun des bras de la Riviere de Brêle, à peu près dans le même endroit où ils ſe trouvent aujourd'hui à l'égard de la Chauſſée. Voyez la note *b*, page 6.

» Edouard m'y réſout malgré moi ;
» De ce Vautour la bonne pince
» Peut me voler quelque Province ;
» Il doit, dit-on, fondre fur Eu,
» Prends la poſte, & mets-y le feu ;
» Mais après le remu-ménage,
» Et qu'on aura plié bagage
» Pour s'établir en fûreté,
» Dans quelque voiſine Cité ;
» Abbats auſſi-tôt les murailles ;
» Puis avec des brandons de pailles
» Edifices, Châteaux, [a], Maiſons,
» De tout fais-moi de gros charbons.
» [b] Ne laiſſe ni pont ni chauſſée,
» Et balaye cette vallée
» De façon que le fire Edouard
» N'en faſſe pas fon boulevard.
 ROHAN, après cette ordonnance,
Au Roi fit une révérence ;
(Car étant jeune, on doit penſer
Qu'il avoit appris à danſer.)
Pour rendre leſt ſon voyage,
Il fait graiſſer fon équipage,
Son paquet mis dans un chauſſon,

Conciliumque vocat, mandataque Regia cives
Edocet [1] *olli omnes subitâ formidine pectus*
Diriguêre, dolor vocem præcludit & altùm
Turba silet. Mox ùt sensu redeunte ruinam
Impendere urbis miserosque exire juberi
Sedibus, & patrios flammis abolere penates,
Audiit antè alios civis præstantior unus.
» *Quæ mandata, refert, quæ tristia jussa tulisti*
» *O Comes ! Augæos Lodoix malè perdere cives*

---

[a] Rohan dût effectivement aller grand train pour aller dans un jour de Paris à la ville d'Eu, où l'on compte trente-six lieues.

[b] Le Conseil de la ville d'Eu est actuellement composé d'un Maire, de deux Echevins & quatre Conseillers de ville.

---

[1] Tout Lecteur en lisant ce vers & les suivans s'appercevra sans doute que M. Roussel a su tirer parti de Virgile : les morceaux qu'il en détache pour les amener à son sujet, sont habilement adaptés.

Il boit un coup, mange un crouton,
Part auſſi-tôt avec ſa troupe,
Qui venoit de manger la ſoupe.
Notre Monſieur fut ſi grand train,
Qu'il penſa verſer en chemin.
[*a*] Avant la fin de la journée,
ROHAN dans Eu fit ſon entrée,
Et quoiqu'il eût un grand ſommeil,
[*b*] Il fit aſſembler le Conſeil,
J'entends le Maire & les Notables,
Et les Citoyens reſpectables :
Ce fut des gens bien ébahis,
Quand il leur apprit que Louis,
Vouloit incendier leur ville.
Chacun reſte comme immobile ;
La terreur glace tous les ſens,
Autant de muets que de gens,
Tant la douleur fut violente,
Et tant fut grande l'épouvante.
Le Maire, homme plein de raiſon,
Revenu de ſa pamoiſon,
Et deſolé de la nouvelle,
Propre à lui tourner la cervelle ;
» Il faudra donc en peu de temps
» Déguerpir de nos bâtiments,

» *An velit ? & patrio tantum scelus excidit ore ?*
» *Hæc fidei merces ? virtuti hæc præmia solvit ?*
» *Anglorum sed furta premunt ; precor, accipe contrà*
» *Quæ dicam, Regique feras sidissima plebis*
» *Vota suæ ; si furia timet, si cogitur hoste*
» *Ambiguo, nullâque potest nos arte tueri,*
» *Est nobis invicta manus, sunt fortia bello*
» *Pectora, militiæ patiens numerosa juventus.*
» *Ne timor, insanos soli prohibebimus hostes.*
Cui Comes : » *Invictus dedit hæc sibi jussa Ludovix.*
» *Huic virtus & vestra fides sunt cognita, certum*
» *Sed manet immotumque animo nullam addere causam,*
» *Hostibus invadant cur jam sua regna propinqui,*

---

[a] Il paroît que ce bon Maire avoit du caractere de Louis XI, une opinion bien différente de celle des Historiens de son régne, & sur-tout de ceux qui ont dit quelque chose des Anecdotes de sa Vie. Si quelqu'un faisoit de nos jours le même portrait du caractère de Louis XV, devroit-il appréhender d'être démenti par la postérité ?

[b] Ces sentimens si nobles & si patriotiques se trouvent aujourd'hui encore plus profondément gravés dans le cœur des Eudois. M. le Comte de Launoy, Maréchal de Camp, M. de Limeux, MM. de Verton-de-Richeval, de la Mortiere, MM. de Bois-Ville, & de Monceaux, M. de Dampierre, M. d'Arbaucour, M. de Gromare, &c. en font des preuves incontestables.

Dit-il au Comte de Gamache :
» [a] Notre Roi n'a pu (que je fache)
» Vous donner un ordre fi dur ;
» S'il faut le dire, j'en fuis fûr :
» Il a, ma foi, l'ame trop bonne,
» Il ne veut de mal à perfonne.
» En voudroit-il à des Sujets
» Braves, fidels & toujours prêts
» A s'échigner pour fon fervice ?
» A-t'il de meilleure milice ?
 » Monfieur le Comte, fa bonté
» Nous répond de fon équité.
» Les Anglois veulent le furprendre ;
» Eh bien ! s'il ne peut nous défendre,
» Dites-lui qu'il ne craigne pas,
» Nous avons du cœur & des bras,
» Une jeuneffe bien guerriere,
» Rompue au travail militaire,
» Qui, fans avoir le moindre effroi,
» [b] Se facrifiera pour fon Roi.
Ah ! dit le Comte à l'affemblée,
» C'en eft fait, la ville eft flambée.
» Le Roi l'ordonne malgré lui,
» Il n'en a pas dormi la nuit ;

» *Dùm parat indomitos Burgundi attundere faſtus.*
» *Quod ſi tantus amor, Regis ſi tanta cupido*
» *Bellandi, pueris ſenibuſque in tuta relatis,*
» *Et pugnas quicumque timent ; veſtra omnia villis*
» *Credite vicinis, Regemque in bella ſequamur.*

[a] C'étoit bien l'intention d'Edouard, avant le traité conclu avec le Roi de France en 1475.

[b] Louis conſervoit toujours en ce temps le deſir d'humilier le Duc de Bourgogne ; mais le traité d'Amiens, où le Duc fut compris, fit avorter ce projet qui demeura ſans exécution, par la mort de Charles, tué devant Nancy, dont il faiſoit le ſiége en 1477.

» Car

» Car il connoît votre bravoure ;
» Mais le moyen qu'il vous fecoure,
» Si vous venez à fuccomber,
» Edouard fur Eu viendra tomber,
» Il en fera fa place d'armes ;
» Pour lors quelles vives allarmes
» Ne donneroit-il pas au Roi ?
» Il voudroit lui faire la loi,
» [a] Et lui gripper quelque Province ;
» Car Edouard eft un malin Prince,
» Et plus fin que lui n'eft pas fot.
» Louis veut tarir en un mot,
» De tout danger les moindres fources,
» De la rufe ôter les reffources,
» [b] Tandis qu'il fe fera raifon
» Des hauteurs du Duc Bourguignon ;
» Mais fi courageux comme quatre,
» Vous defirez tant de vous battre,
» Le tout par amour pour le Roi :
» C'eft bien fait, braves, fuivez-moi ;
» Mais éloignez cette canaille,
» Ces vieux barbons, cette enfantraille
» Dans quelque village voifin,
» Puis courons le fabre à la main,

D

Assensére animis, stat casus ire per omnes
Armatos, Regemque sequi, Patriamque tueri.
Idem omnes simul ardor habet, juvenesque virique
Tela parant, acuunt enses, & robora flammis
Indurant, & cum clypeo tutamen honestum
Pectoris accingunt, capiti sua tegmina præstant.
Intereà pavidam bacchatur fama per urbem

---

[a] Les flèches dans le quinziéme siécle étoient encore les armes offensives les plus ordinaires, quand les Armées combattoient à quelque distance l'une de l'autre. La lance & le sabre étoient en usage en toute autre occasion.

Aucun lors ne tombe en fyncope,
A ce difcours chacun dit, tope.
Vive le Roi, difent-ils tous,
A fa fuite conduifez-nous ;
Et s'il le faut, perdons la vie
Au fervice de la Patrie.
On voit chez tous la même ardeur,
Même courage & même cœur ;
Aux hommes comme à la jeuneffe,
Il faut voir comme l'on s'empreffe :
L'un paffe fon bâton au feu,
Pour le durcir encore un peu ;
L'autre fur une meule ufée,
Aiguife fes traits, fon épée ;
Tous mettent des plaftrons d'acier,
Qu'en France on nomme bouclier,
Qui leur fert d'honnête défenfe
Contre les flèches qu'on leur lance ;
[a] Enfin, pour couvrir leur toupet,
Ils font d'un cafque leur bonnet.

 Tandis qu'ainfi l'on fe remue,
Quel étrange bruit dans la rue !
Tout un Régiment de Dragons,
Bien plus cruels que des Lions,

Adveniſſe viros, qui ducat in horrida bella.
Fæmineam ferro turbam pueroſque trucidet,
Effætoſque ſenes, dùm mænia deſtruat urbis,
Tectaque ſuccendat, (nec quæ ferus audeat hoſtis)
Sacraque, divinaſque Ædes à ſtirpe revellat.
Atque alius Burgunda refert accedere ad urbem
Agmina, terroremque & funera ferre per agros :
Infeſtis alius mare currere naſſibus Anglum,
Jamque tenere oras & portum irrumpere narrat.

---

[a] Comme tout le peuple d'Eu n'étoit pas inſtruit de l'offre qu'avoient fait au Comte de Gamaches les braves Citoyens de cette ville, d'aller combattre les ennemis du Roi ligués avec le Duc de Bourgogne, il n'eut pas de peine à ſe perſuader, qu'on ſe diſposoit à les envoyer de force dans les Etats de ce Duc.

[b] Le diſcours qu'avoit tenu le Comte de Gamaches aux Maire, Notables & Bourgeois de la Ville, dont une partie étoit venue à la connoiſſance du peuple, donnoit un air de vraiſemblance à ces nouvelles & aux deux précédentes. Ce que le Comte avoit dit des hauteurs du Duc de Bourgogne, & des entrepriſes d'Edouard, occaſionna parmi la populace ces faux bruits & ces terreurs paniques.

Vient d'arriver dans cette ville,
Ils font, difoit-on, plus de mille ;
Ils faififfent homme & garçon
[a] Pour les conduire à Befançon.
Ils fe font jettés en furie
Sur le Suiffe de l'Abbaye.
Ils vont occire les enfants,
Les femmes & les vieilles gens,
Brûler les maifons, les Eglifes ;
Quelles horribles entreprifes !
En vouloir au Temple divin,
Ma foi, c'eft être bien coquin.
   Mais voici bien d'autres nouvelles
Qu'on debite dans les ruelles.
Eh vite, dit l'un, fauvons-nous,
Charles vient nous embrocher tous.
Sa fiere troupe à coups de croffe,
Ne fait par-tout que plaie & bosse.
Dans la campagne leur fureur
Seme la mort & la terreur.
Difons, vite nos Patenottes :
La Flotte Angloife eft fur nos côtes,
[b] Dit un autre, ils vont être au port,
Peut-être font-ils au Tréport.

Pars simul hostiles strepitus, sonitumque tubarum
Audivisse putat, flantemque in mœnibus hostem.
Omnia corda pavor trepidus quatit; æthere clamor
Personat; in vicos matres, in templa puellæ

[a] Pour expliquer, &c. Cette explication paroit fort inutile. On la sent assez.

Rien n'eſt plus vrai, je vous le jure,
Puiſque ce bruit vient en droiture
De la boutique des Barbiers,
Qui ne font pas des Lanterniers.
Fuyons, dit une autre gazette,
Car déjà j'entends la trompette,
Les tambours, les cris ennemis,
Dans un moment nous ſommes pris.
  A ces effrayantes nouvelles
Que de trouble dans les cervelles!
La peur s'empare des eſprits,
Vers le Ciel on pouſſe des cris,
Vers la Terre on pousse autre choſe.
[a] Pour expliquer ce que je dis,
C'eſt le moment des vents coulis.
Ceux qui ſe trouvent dans la preſſe,
Reſpirent une odeur de veſſe,
Qu'on laiſſe échapper par la peur
D'être aſſommé par le Vainqueur.
Les femmes pleurent dans les rues,
Les filles toutes éperdues
Jointes aux timides enfants
De l'âge à peu près de dix ans,

*Concurſant trepidique ſenes, puerique paventes.
Fæmineis ſacræ reſonant ululatibus Ædes;
Illa finum ferit, illa caput, ſparſisque puellæ
Crinibus accendunt luɛtum; pars Virginis Almæ
Præſidium inclamant; pars Numina ſanɛta Beati
Præſulis, Auge ſuplex rebus quem ſenſit egenis*

[a] L'abbaye de Notre-Dame fondée par les anciens comtes d'Eu vers l'an 1002, elle appartient aux Chanoines Réguliers de la Congrégation de France depuis l'an 1660, elle a le titre de Collégiale. M. L'abbé Macé, Conſeiller-Clerc au Parlement de Paris & Chanoine de la cathédrale de ladite ville, en eſt Abbé titulaire depuis plus de vingt ans. Elle peut valoir 6000 liv. de rente, & autant aux Chanoines Réguliers, toutes charges déduites.

[b] S. Laurent, Archevêque de Dublin, dont il va être parlé ci-après.

) Accourent

Accourent en foule à l'Eglife.
Les vieux penards à barbe grife
Avoient déjà pris les devants.
Tous avec éclat gémiffants,
Hurloient des prieres bruyantes
Que la peur rendoit plus ferventes.
Les femmes le cœur tout tranfi,
Au Temple vont hurler auffi ;
L'excès de la douleur les dompte ;
On les voit fans aucune honte,
L'une frapper fon fein dévot,
L'autre déchirer fon pierrot ;
Les filles de leur chevelure
Méprifant l'ordre & la frifure,
Laiffant flotter leur noir chignon,
Montoient le deuil fur le haut ton.
Celle-ci de toute fon ame
[a] Se recommande à Notre-Dame ;
Celle-là craignant pour fes jours,
Implore à grands cris le fecours
[b] Du Saint à qui jamais la ville
Ne fit de priere inutile.
Son nom eft Monfieur faint Laurent :
Tont le peuple affez librement

E

Sæpius, & votis facilem auxiliumque ferentem.
Percelebre huic nomen Laurentius ; omnis in illo
Spes populi ; externis huc fanctus Præful ab oris
Venerat adverfos folitus componere Reges ;
Sed matura polo jam membra fenilia virtus
Deftinat, & finem tribuit pretiumque laborum.
Illius Auga memor cineres pretiofaque fervat
Pignora, facratâ quæ condita Virginis Æde
Cuncta colit Regio circùm, donifque frequentat.
Tùm fibi, tùm facro metuens pro pignore plebes.

---

[a] Ce Saint vint à la ville d'Eu en 1181, & comptoit paffer outre pour aller ménager un accommodement entre Henri II, roi d'Angleterre, pour lors en Normandie, & Deronogai, Roi d'Irlande ; mais étant tombé malade en chemin, il ne put paffer la ville d'Eu, où il mourut le 14 Novembre 1181. Henri étoit alors à Rouen, où le Saint prétendoit le joindre, quand la mort l'en empêcha. Il fut canonifé en 1226.

[b] Dans l'Eglise Collégiale de Notre-Dame.

[c] Ce que l'on dit ici des marques de la dévotion du peuple pour les Reliques de S. Laurent, eft exactement vrai... Cette Chaffe eft au-deffus du Maître-Autel ; ce n'eft que dans les calamités publiques qu'on la defcend, & qu'on la porte en proceffion dans les rues de la ville.

De ſes maux lui fait confidence,
Et fonde en lui ſon eſpérance.
[*a*] Jadis il l'avoit vu venir
Dans le deſſein de réunir
Des Rois qui ſouvent pour vétille
Avoient entre eux quelque biſbille ;
Mais Dieu content de ſes travaux,
L'appela dans ſon ſaint repos.
Des Saints, le peuple aime la poudre,
Pour ſe garantir de la foudre ;
La peſte ou le mal ſaint Hubert,
Il voudroit en être couvert.
Nulle ne lui parut plus chere,
Ni relique plus ſalutaire
Que celle du grand Saint Laurent,
Clôſe en belle Chaſſe d'argent,
[*b*] Et qu'on garde en la Mere Egliſe.
[*c*] L'un y fait toucher ſa chemiſe,
L'autre ſa coëffe & ſon bonnet ;
L'un ſes bas, l'autre ſon gillet ;
Pluſieurs (& c'eſt ce qu'on demande)
Au Saint préſentent leur offrande.
Dans ce temps le peuple avoit chaud ;
Et craignant pour ce ſaint dépôt

Orabat, Templumque ululatibus omne cibat.
Ipſe Sacerdotum candenti in veſte Senatus
Vota Deo, Matrique Dei, ſanctoque Patrono
Nuncupat ; in medio Senior venerabilis aſtans
Ora Dei ſimilis ; brevis huic coma, circulus ingens
Vertice ſubraſo ; majeſtas ſacra verendam
Informat frontem ; dùm pondus habentia verba.

[*a*] Dans le quinzieme fiécle & dans les précédents, les Eccleſiaſtiques, & plus encore les gens de Communauté, étoient dans l'uſage de porter des cheveux courts.

[*b*] Les Bernardins Réformés et les Feuillants.

[*c*] Perſonne n'ignore l'Anecdote curieuſe de la Requête préſentée au Roi en 1766 par un bon nombre de ces Révérends-Peres, aux fins d'obtenir le changement de la forme de leur habit, de l'Heure de Matines, la ſuppreſſion de l'uſage du maigre ; elle n'a point été répondue à leur ſatisfaction. Combien d'entr'eux gémiſſent en ſecret de cette entrepriſe hardie & des ſuites fâcheuſes qu'elle peut occaſionner!

Quelque indignité fans exemple,
Jettoient les hauts cris dans le Temple :
Les Chanoines en habits blancs,
Parmi ces lugubres accens,
N'étoient pas tentés, je vous jure,
De chanter robin turelure;
Mais avec la plus vive ardeur
Chacun d'eux prioit le Seigneur,
Saint Laurent & la bonne Vierge
Pour qui brûloit un fort beau cierge,
Aux fins d'écarter du rochet
L'orage qui le menaçoit.
Le Prieur à large tonfure,
Portant brieve chevelure,
[a] Suivant l'ufage de ce temps;
Mais qui n'a plus de partifans,
[b] Excepté la gent Capucine,
Et quelqu'autre que l'on devine.
[c] Pour les Peres bénédictins,
Motus, ils font pour les longs crins;
Car la plûpart deffus la nuque
Veulent arborer la perruque.
Mais revenons à notre but :
Ce Prieur dont le finciput

Eloquitur, pendent omnes dicentis ab ore.
Istum sollicitâ Sanctum prece Numen adorans
Antè Aras, veniam populo, pacemque petebat,
Multa gemens, magnoque incensus corda dolore,
Atque ut votorum finem dedit, atque precandi
Adcircumstantes conversâ fronte catervas
Talia divino profudit pectore Vates :
» *Definite, ô populi ! Numen sperare precando*
» *Flectere stat Cœlo vestræ sententia fortis.*

[a] La harangue que ce respectable Prieur fait au peuple, doit bien être regardée comme une prophétie ; tous les événements arrivés depuis l'incendie y sont prédits, & amenés avec une adresse merveilleuse qui décele le genie de l'Auteur de ce Poëme.

[b] J'ai mis le mot *fouetter* de deux syllabes, à l'imitation de M. Racine dans sa Comédie des Plaideurs, Act. 1. Scène 1. où il l'emploie ainsi :

Tout Picard que j'étois, j'étois un bon Apôtre,
Et je faisois claquer mon fouet tout comme un autre.

Etoit rafé suivant la mode,
Auſſi majeſtueux qu'une ode ;
Quand il parloit avec raiſon,
Vous l'euſſiez pris pour Ciceron.
D'un Dieu portant l'air vénérable,
C'étoit un Etre reſpectable,
Aux pieds des Autels proſterné,
Pour le peuple tout conſterné,
Et qui craignoit les étrivieres,
Il faiſoit d'ardentes prieres,
Gémiſſoit, demandoit pardon.
A la fin de ſon oraiſon,
Se tournant vers la compagnie,
Il leur fit cette prophétie :
» [a] A quoi bon pleurer, mes enfants ?
» A quoi ſervent ces hurlements ?
» Ah ! dit-il, vous avez beau faire,
» Le Ciel contre vous en colere
» Sans doute a porté ſes arrêts ;
» Ce ſont d'immuables decrets.
» Vous vous déchireriez l'échine,
» Par mille coups de diſcipline ;
» Vous ſeriez aſſez inhumains
» [b] Pour vous foüetter comme toupins.

Hinc quidquam mutare nefas; regalia firmat
Juſſa Deus, ſacræ parcit Rex optimus Ædi,
Intactaſque jubet Laurenti & Virginis Aras;
Sed muros & tecta ruit : vos quærite ſedes
Externas; fuit Auga potens, fuit alta ſuperbi
Caſtelli moles, eductaque culmina Cœlo.
Flamma vorax, ferrumque furens depaſcitur omnia.
Vobis hinc aliis Summænæ fluminis ora.
Sufficit hoſpitium, Valeri ſeu fana frequentes
Viſitis, Abbati ſeu quondam exculta Richaïro
Villa placet magis & gratæ loca commoda vallis.
Aſt alios nova caſtra manent humileſve poleti
Inter ſaxa caſæ, deſertaque littora Deppes :
Inſtaurate locos, ex unâ condite plures

---

[a] L'ordre donné au Comte de Gamaches par Louis XI.

[b] Villes dans le voiſinage de la ville d'Eu, où ſe retirerent ſes citoyens hors de l'incendie.

» Que la divine Providence,
» [a] Ne casseroit pas l'ordonnance
» Qui va porter ici le feu,
» Et consumer la ville d'Eu;
» Mais je vous jure que la flamme
» Saura respecter Notre-Dame,
» Et ne fera par conséquent
» Aucun mal au bon Saint Laurent.
» Adieu donc Eu, ville puissante.
» Adieu, Cité si florissante,
» Adieu, Château, murs & maisons,
» Adieu les toits & les donjons,
» Sallons où l'on mangeoit à l'aise,
» Vous n'allez être que de braise.
» Quel parti prendre en ces malheurs?
» C'est de planter piquet ailleurs,
» Et laisser la flamme vorace
» Maîtresse de toute la place;
» Car enfin tout n'est pas péri,
» [b] L'un peut bien à saint Valery
» Etablir nouveau domicile,
» Et l'autre choisir Abbeville;
» [c] A Neuchatel, Dieppe & Polet
» On peut bien porter son paquet.

» *Urbe pii; jam cerno novos se attollere muros,*
» *Jam nova tecta micant. Vobis habitata colonis*
» *Affectat maris imperium Neptunia Deppe,*
» *Valleriana suæ sese æquant mœnia matri.*
» *Abbatis jam villa novæ nova mœnia plebi*
» *Circumdat, gaudetque suos accrescere cives,*
» *Divitiis animosa, sibi quas attulit Augum.*
» *Ne verò, ô plebes, lætis sic fidite rebus,*
» *Vos unquam ut patriæ capiant oblivia terræ,*
» *Laurentique sacri cineres, & Virginis Almæ*
» *Templa cadant animo, solemnia vota quotannis*
» *Ferte pii, & memores antiquam exquirite Matrem.*
» *En erit illa dies quam non procul abfore dudùm*

[a] Dieppe, avant l'incendie d'Eu, faisoit déjà un certain commerce sur la mer; mais on ne peut pas nier qu'il n'avoit pas à beaucoup près l'étendue que les Eudois lui donnerent en venant y prendre domicile. La célébrité de son commerce a toujours augmenté depuis cette époque.

[b] La ville d'Eu.

» Que vois-je! maint nouveau village
» Formé depuis votre voyage ;
» Nouveaux murs, nouvelles maifons,
» Occupent nombre de maçons.
» [a] Par vos foins Dieppe pourra dire
» Qu'il a fur la mer quelqu'empire.
» Ces villes pleines de fouci,
» Pour vous qui fentiez le rouffi,
» De leurs murs ont accru l'enceinte,
» Et pour vous partagent la crainte
» Qu'elles ont pour leurs citoyens ;
» Elles fe fouviennent des biens,
» Et des Louis qui circulerent,
» Lorfque les Eudois s'y fixerent ;
» Mais du bonheur environnés,
» Dans des temps auffi fortunés,
» Ne faites jamais la folie,
» Peuples, d'oublier la Patrie.
» Venez, du moins une fois l'an,
» A Notre-Dame & faint Laurent,
» Et fur-tout dans votre priere
» [b] N'oubliez pas votre grand'Mere :
» Je vous avouerai fans détour
» Que déjà je vois l'heureux jour.

» *Arbitror, auspiciis surget melioribus Auga,*
» *Antiquasque novâ reparabit forte ruinas.*
» *E consanguineis se plurimus accola muris*
» *Refferet in Patriam veterem ; Rex ipse favebit,*
» *Nascentique iterùm donis gratabitur urbi.*
» *Tum claro Comites è sanguine munera fundent*
» *Civibus ampla suis. Proles Lotharingia, prisci*
» *Guisiadæ, turres altas castellaque tollent*
» *Regifico luxu ; pueris studiosa parabunt*
» *Gymnasia & sacras Ædes ; ea cura juventæ !*
» *Tantus amor studiorum & Religionis avitæ*
» *Insidet ! ô juvenes, genus alto à sanguine Regum*
» *Sceptro digna manus, nisi vos incauta cupido*

---

[a] Louis XI fit en effet beaucoup de bien à la ville après l'avoir fait rebâtir.

[b] Le Comté d'Eu a passé dans la Maison de Lorraine-Guise par le mariage de Catherine de Cleves avec Henri I, duc de Guise.

» Qui n'est pas si loin que l'on pense,
» Où la divine Providence
» Doit remettre Eu sur un bon pied.
» Quoique plus mince de moitié,
» Elle aura toujours quelque mine
» D'avoir réparé sa ruine.
» L'Eudois viendra quelque matin
» Habiter son premier terrein,
» Et cette Cité renaissante
» Sera toujours reconnoissante
» [a] Des biens que lui fera Louis.
» Qu'elle en connoîtra bien le prix !
» Ses Comtes nés d'un sang illustre
» Lui donneront un nouveau lustre,
» Par les magnifiques présents
» Qu'ils lui feront de temps en temps.
» [b] Les illustres Princes de Guise,
» (Il est bon que je vous le dise)
» Doivent rebâtir le Château ;
» Le Roi n'en a pas de plus beau.
» Ce n'est pas tout, pour la jeunesse,
» Combien auront-ils de tendresse ?
» Un Collége s'élévera,
» Et l'Eglise s'en dédiera

» *Egerit incautos; nimiùm popularibus auris*
» *Credere vos fortuna vetat non vestra* Coronas
» Dat Deus atque datis vigil excubat *Omne Valesi*
» *Crimine si vestro ruerit genus; alter avitum*
» *Surculus in solium Ludoici è sanguine surgit.*
» *Cedite Borbonidæ;* Regni sacra jura tuetur
» Relligio nullâque jubet lege esse rebellem.
» *Cedite, francigenam virtus sua comprobat illum.*

[a] Le diable : chacun fait son allûre, & c'est avec raison qu'on met ici sur son compte la naissance, les progrès & les funestes effets de la ligue. Tout le monde sait le rôle qu'y joua le Duc de Guise & sa fin tragique à Blois.

[b] Henri IV.

» [a] A saint Michel, dont la monture
» Aura toujours mauvaise allure.
» Grands Princes, ce fier animal
» Un jour vous fera bien du mal.
» Chef d'une abominable intrigue,
» Il doit faire éclôre une ligue ;
» Gare, qu'un grain d'ambition
» Ne soit le fatal aiguillon,
» Qui vous entraîne à sa défense :
» Ce parti n'aura pas la chance ;
» Car *Dieu* (cela n'est pas douteux)
» *Fait les Rois & veille sur eux.*
» Posons que la Branche qui régne
» Dans Henri III un jour s'éteigne,
» De Louis XI un rejetton,
» Avec l'aide de son canon,
» Doit s'ouvrir la route du Trône ;
» [b] Cedez à Bourbon la Couronne,
» *La Religion de nos Rois,*
» *Défend toujours les sacrés Droits,*
» *Et quelque loi jamais peut-elle*
» *Autoriser d'être rebelle ?*
» Cedez-lui donc, par ses hauts faits
» Il prouvera qu'il est François.

» *Tantâ Cenomanus nafcetur o. igine quondam*
» *Qui comes augæâ fua munera fundet in urbe,*
» *Magni progenies. Hunc Cœlo plurima virtus :*
» *Evehet adverfos tulerit feu pectus in hoftes*
» *Dux melior, miles ne anceps ; feu ritè vocatis*
» *Confiliis aderit quæ fentiat edere verbo,*
» *Momentifque fuis firmare haud futilis Author,*
» *Ille inter doctos doctrinâ infignis, amœnum*
» *Græcia quidquid habet ; quidquid Roma æmula Græcis*
» *Abftulit, in Francum propriâ feret arte leporem.*
» *Filius huic Lodoix non inferiora fecutus,*
» *Dona patris cumulans donis màjoribus ædem,*
» *Gymnafiumque fuum pueris illæfa docendis*
» *Servabit multâque accendet laude Magiftros*

[a] Louis-Augufte, legitimé de France, Duc du Maine, Comte d'Eu par le don que lui fit de ce Comté Mlle. de Montpenfier. Louis XIV fon Pere rétablit en fa faveur le titre de Pairie au Comté d'Eu par Lettres-Patentes du 5 mai 1692.

[b] Le Portrait qu'on fait ici de Mgr. le Duc du Maine, n'eft affurément pas flatté. Ceux qui ont eu l'honneur de l'approcher, reconnoîtront aifément la foibleffe de mon pinceau.

[c] Louis-Charles de Bourbon, Comte d'Eu, né le 15 Octob. 1701. Ce Prince veut bien honorer d'une protection finguliere le Collége de cette ville.

[d] Quelques ennemis du gouvernement actuel du Collége trouvent fauffe cette prédiction. Les perfonnes exemptes de préjugé conviendront que quoiqu'à cet égard la prophétie ne foit pas totalement accomplie, ce n'eft pas au mérite perfonnel des Profeffeurs en général qu'il faut s'en prendre ; mais à des caufes extrinféques qui retardent le progrès qu'ils font en état de faire vers les moyens de procurer à leur Collége cet état floriffant. De

» De cette Tige souveraine
» [a] Doit naître aussi le Duc du Maine,
» Et qui sera sans compliment
» Digne fils de Louis le Grand;
» [b] Qu'il doit plaire à Monsieur son pere
» Par son courage dans la guerre.
» Par ses vertus en temps de paix !
» Eu tu connoîtras ses bienfaits.
» Dans les conseils quelle sagesse,
» De sentiments quelle justesse;
» Quels charmes dans l'expression !
» Tout est étayé de raison.
» Encor sera-ce un savant homme;
» Car de ceux qu'aux Grecs vola Rome,
» Jalouse de l'aménité,
» Du bel esprit de la beauté;
» Par ses talents & sa science,
» Le Prince enrichira la France.
» [c] Son fils Charles (car en tout temps
» Nous aurons des honnêtes gens)
» Par ses dons, sa magnificence
» Sur eux aura la préférence;
» [d] Le Collége alors fleurira,
» Et le bon Prince animera

F

» *Talia felices queis vivere fæcla nepotes*
» *Contigerit! vos porrò animis advertite veſtris*
» *Quæ moneo : Regi veſtro parete volentes,*
» *Et tantis parendo locum date currere fatis* ».
His dictis folati animi, diſcuſſa parumper
Triſtitia; in ſedes proprias ſe quiſque tulére,
Maturare fugam, collectaque vaſa parare.
Intereà impatiens differri Regia juſſa
Gamacides, equitem per vicos, per fora mittit,

[*a*] Fuyez d'ici : paroles inutiles. L'Auteur n'auroit-il pas fait attention qu'il n'eſt pas néceſſaire de conſeiller la fuite à des gens à qui on va mettre le feu au derriere ? l'on ſait qu'ils prennent ce parti d'eux-mêmes bien volontiers.

[*b*] Laiſſez trotter le deſtin. Cet avis eſt meilleur, & je crois que c'eſt l'unique parti à prendre dans les revers de la fortune.

[*c*] (Quand il eut fini). Le Prieur de l'Abbaye de Notre-Dame.

[*d*] ROHAN, Comte de Gamaches.

» Chaque maitre occupé fans ceffe
» De l'art d'inftruire la jeuneffe.
» Ah! que je ferois envieux
» De vivre dans ces temps heureux!
» Les vers, cette cruelle engeance
» M'auront alors mangé la pance.
» Enfin pour finir mon difcours,
» [a] Fuyez d'ici, fauvez vos jours;
» Il faut, quoiqu'on en puiffe dire,
» Obéir au Roi notre Sire.
» Déménagez donc fans chagrin,
» [b] Et laiffez trotter le deftin.
» [c] Quand il eut fini fa harangue,
» Ah! que vous avez bonne langue,
Lui dit le peuple avec refpect :
» N'avez-vous pas le gofier fec?
» Prieur, allez boire rafade,
» Avant qu'on nous donne l'aubade.
» Quant à nous puifqu'il faut partir
» Difpofons-nous à déguerpir;
» Et fans nous fâcher davantage,
» Allons vite plier bagage. »
[d] Le Comte alors impatient
De commencer l'embrafement,

*Qui jubeat migrare domo atque excedere cives
Mœnibus, inflàmmandam urbem, de culmine tecta
Evertenda manu, ne faxis facra fuperfint.
Nec minùs ipfe ruit turres, è cardine portas
Vellere deproperat, flammafque facefque miniftris
Aggerit, increpitans furiatâ voce morantes.
Illicet auditur totâ lacrymabilis urbe
Migrantûm ftrepitus ; pars plauftra ingentia complet
Sarcinulis; pars ducit equos; pars turpis afelli
Dorfa onerant, puerofque fuper cùm matribus addunt
Atque fenes; multorum humeris fua farcina pendet.*

---

[a] Abat les tours... Le Comte de Gamaches ne les fit pas abattre toutes, puifque les deux groffes tours jointes à la porte de l'Empire fubfiftent encore avec les preuves de leur vétufté.

Donne ordre à la Maréchauſſée
De cette ville infortunée
De parcourir tous les Quartiers
Pour avertir les Marguilliers,
Comme tous les Propriétaires
Ainſi que tous les Locataires
De décamper de leurs maiſons,
Et de lui montrer leurs talons
Jusques au-delà des murailles ;
Que déjà les brandons de pailles
S'allument pour mettre le feu
Aux quatre coins, au centre d'Eu ;
Que tout va crouler de maniere
Qu'on ne verra pierre ſur pierre.
Pendant cet avertiſſement,
Rohan, ſans perdre un ſeul moment,
Avec l'aide de ses cohortes
[a] Abat les tours, briſe les portes,
Donne des torches à ses gens,
Et jure après les négligents ;
Mais qu'entend-on ? oh ! quel tapage !
Voilà bien du remu-ménage.
Quel bruit confus de tout côté !
Quel mouvement dans la cité !

Advocat ille suos; dùm quærit, quæritur ille;
Incertus quo fata ferant, abit ille reditque;
Atque alius magno patriæ inflammatus amore,
Amplexosque tenet postes, visendaque nunquam
Tecta replet lacrymis. Hic divæ Virginis Ædes

---

[a] Bouriques & baudets. Je n'ai pas jugé à propos d'injurier en françois cette espece d'animaux, comme M. Roussel le fait en latin par les mots *turpis aselli*. Ce ne peut être qu'une épithete de préjugé contre l'âne pour lequel on a communément un souverain mépris. Mépris injuste au jugement de M. d'Aubenton, qui, dans son Histoire Naturelle traite cet animal d'une maniere à nous en donner une idée plus avantageuse.

[b] Je ne dissimulerai point à mon Lecteur que j'ai détourné ici la vraie signification de ce proverbe : *Il a vu le loup*.

Les uns chargent longues charettes
D'armoires, linge, habits, couchettes;
D'autres se servent de chevaux,
Ceux-ci n'ont que leur pauvre dos
Pour porter toutes leurs guenilles;
Ceux-là mettent leurs pacotilles
[a] Sur des bouriques & baudets,
Qu'on charge comme des mulets.
Car on leur campe sur la somme
Tous boiteux, infirme ou vieil homme,
Et les meres & les enfants;
D'autres courent après leurs gens,
Qui courent après eux de même.
Craignant pour des enfants qu'il aime,
L'un les appelle dans l'instant
Qu'ils le cherchent tout en pleurant;
L'autre d'une ardeur inquiete,
Ne sachant où donner la tête,
Court ici, là, comme un chien fou,
[b] L'on diroit qu'il a vu le loup.
L'un pour son toît plein de tendresse,
A son triste sort s'intéresse;
Il part & le regarde encor;
Enfin, cédant à son transport,

Luſtratur nequicquam iterùm, huic multus in ore,
Solamen rerum Laurentius; & pia ſi quæ
Numina non gratos valeant avertere caſus.
Triſtia jam totis exibant agmina portis;
Implebantque vias, ipſi miſeranda vel hoſti
Turba, ſenes, pueri cum matribus atque puellæ.

[a] Fouëtte... Voyez la note (b) page 54.
[b] Edouard... Voyez auſſi la remarque (a) page 13.

TRAVESTI.

Il revient en baiser la porte ;
Et d'une voix qu'on diroit morte,
Avant d'abandonner ce lieu,
Lui dit un éternel adieu :
L'autre, le trouble dans son âme,
Jette les yeux sur Notre-Dame,
Et presque tous en gémissant
Regrettent le bon Saint Laurent :
Ne pouvant dessus leurs bouriques
Emporter ses saintes Reliques,
Chacun l'invoque tout en pleurs,
Pour voir la fin de leurs malheurs.
Déjà les maisons étoient vuides,
D'habitants sains comme invalides,
Tous les Piétons & Cavaliers,
Par les portes de leurs quartiers,
Fuyoient et défiloient en foule,
Hors des Remparts chacun s'écoule,
Hommes, femmes, filles & enfants,
Les vieillards & les jeunes gens ;
De leur part nulle chansonnette,
[a] Ils partoient comme chats qu'on fouëtte.
[b] Edouard moins cruel de moitié,
En auroit eu quelque pitié.

G

*Cùm subitò immensam lucem per tecta, per ædes
Flamma dedit, matres validos ad sidera tollunt
Clamores, pressère viri sub corde dolorem,
Nec lacrymas tenuêre oculi, furit ignis, & altas
Corripuit vaga flamma domos; trabibusque perustis
Cùm sonitu tabulata cadunt; jam magna Boneti*

---

[a] Les gens du comte de Gamaches.

[b] Ce fut le 18 juillet 1475 qu'arriva ce triste évènement, un Mardi à 9 heures du matin. Ce malheureux jour est appellé dans des Mémoires de la ville fort anciens, le Mardi Piteux.

Il ne restoit plus dans la ville
Qu'une race de crocodile
[a] De vilains brûleurs de maisons,
Et qui déjà de leurs brandons
A tous coins avoient fait usage.
[b] Le feu commence son ravage,
Ce fut lors, s'il en fut jamais,
Le quart-d'heure de Rabelais.
Quand du feu l'immense lumiere
Vint frapper l'humide paupiere
De tous nos tristes voyageurs,
Et leur eut fait voir les horreurs
De l'épouvantable incendie
Qui pulvérisoit leur Patrie.
Ah! que ce fut un joli train!
Les femmes en fureur soudain
Lâchent des jurons effroyables,
Et font des cris de tous les diables;
Les hommes pleurants *secretó*,
Gardent leur chagrin *in petto*.
Cependant la flamme fait rage,
Gagne jusqu'au dernier étage,
Chevrons, planchers, tuiles, sommiers
S'écroulènt en feu des greniers.

*Atria, jam Lamici vaſtam traxêre ruinam.
Quid, Thiboalde, tuas Mathoque manilia villas
Tucquetique domos referam, hoſpitiumque Roſæum,*

[a] MM. Bonnet étoient déjà d'anciens Bourgeois de la ville d'Eu dès ce temps & depuis l'incendie; pluſieurs de cette famille ont occupé les premieres places du Bailliage & de la ville. MM. Bonnet de Litteville qui exiſtent aujourd'hui, font voir tout l'honneur & l'aiſance d'une bonne maiſon.

[b] Lamy... Cette famille paſſe pour être très ancienne à la ville d'Eu ; mais elle n'a pas, dit-on, la même ancienneté que celle de M. de Litteville, dont nous avons parlé.

[c] Mathomenil eſt un Fauxbourg de la ville d'Eu, ſitué au midi de cette ville fur la paroiſſe de S. Jean.

[d] Le Touquet eſt une place de la ville vers la porte, ſiſe au midi.

[a] Antiques Bourgeois de la ville
Meſſieurs Bonnet de Litteville,
Triſtes comme bonnets de nuit.
Que vous dûtes avoir d'ennui;
Que vous fîtes triſte figure,
Quand Vulcain ſe mit en poſture
D'empoigner vos beaux bâtimens
Et vos jolis appartements;
De vos Ayeux, ſi l'origine
Va jusqu'à ce temps de ruine,
[b] Lamy, qu'ils ont bien regretté,
La maiſon qu'ils ont habité,
Elle étoit ſans doute à la mode,
Et ſur-tout vaſte & bien commode.
[c] De Mathomenil le Fauxbourg
Fut réduit en cendre à ſon tour.
Auprès de la porte Mouillette
Thibaut n'a qu'une maiſonnette
Au prix de la belle maiſon,
Dans cet endroit miſe en charbon.
Quoiqu'en diſe quelque fillette,
[d] Charmant Touquet donnant retraite
A gens que j'eſtime & chéris,
Que tu fus maltraité jadis!

*Quæ paſſim in cineres ignis dedit. Undique miles
Nunc face, nunc ferro, ſi quid ſuperexſtat, adunco
Detrahit, exæquatque ſolo; tum fumus & ingens
Pulverens turbo cœlum rapit, atraque nubes.*

[a] La Roſe eſt une fameuſe Auberge de la même ville, qui ſelon l'opinion commune étoit la plus célebre avant l'incendie. Il n'eſt pas certain qu'elle ait été rétablie préciſément au même endroit. Elle ſeroit encore aujourd'hui la meilleure, ſi celle du Cigne ſa voiſine, ne lui diſputoit la préférence.

[b] Des ſots... c'eſt-à-dire, des gens qui n'étant pas dans l'habitude de voyager, ignorent les rubriques ordinaires de certaines Auberges qu'on nomme des étrilles.

[c] Toute muraille... Il eſt pourtant à croire que ces gens ſans quartier, fatigués des travaux de cette pénible journée, negligerent d'abattre une partie des murailles de cette ville, puiſque l'on voit encore du côté du midi un pan aſſez conſidérable du mur où eſt ſituée la porte de l'Empire, à préſent fermée par un mur. Au reſte, ces murailles ſont de ſi bonne conſtruction, que la démolition en ſeroit des plus difficiles.

[a] Fameufe Auberge de la Rofe,
Dont l'Hôte pour très-peu de chofe
Logeoit fi bien les voyageurs ;
Que ta chûte caufa de pleurs !
Bon lit, bon vin & bon vifage
Charmoient les peines du voyage ;
L'on n'étrilloit que les chevaux,
[b] Non les gens, fuffent-ils des fots ;
C'étoit en deux mots comme en mille,
Le meilleur gîte de la ville,
Et fans regretter fon argent
Chacun de là partoit content.
Hélas ! il eut beau s'en défendre,
Il fut alors réduit en cendre ;
Les boutefeux, gens fans quartier,
Firent bien par-tout leur métier.
Celui-ci porte l'incendie
Aux endroits que Vulcain oublie,
Avec des haches & des crocs ;
Celui-là fans aucun repos
Abat, renverfe fur la place
[c] Toute muraille & bois tenace
Que la flamme a pu ménager.
Au Ciel on vit lors s'élever

Jamque adeò domibus confumptis omnibus, una
Integra reflabat divæ facra Virginis Ædes,
Laurentique pium cinerem non moverat ignis.
Gamacides lætus perfectis ordine juffis
Agmina lecta, viros, Augeæ robora gentis,
Non leve momentum bello factura, fuofque

[*a*] J'ai fuivi ici le fentiment de l'Auteur de ce Poëme latin, qui fait entendre qu'il n'y eut que l'Eglife de Notre-Dame & les Reliques de S. Laurent qu'on y conferve, qui furent préfervés des flammes. M. Piganiol de la Force, Auteur de la defcription générale de la France, n'eft pas de ce fentiment. Il affure dans le neuvieme tome, article de la defcription d'Eu, que toutes les Eglifes de cette ville furent confervées. Suivant toute apparence, cet auteur a raifon; car les Eglifes de S. Jacques & de S. Jean préfentent au premier coup d'œil des marques d'ancienneté de plus de trois cents ans.

[*b*] A fon Maître... Louis XI.

De poudre une épaisse nuée,
Un gros tourbillon de fumée.
Quand le soleil hors des Remparts
Eut au loin chassé ces brouillarts,
Chacun vit la déconfiture,
Qu'avoit par-tout fait la brûlure.
On ne voyoit plus qu'abbatis,
Que des cendres & des débris,
Tout fut, suivant la prophétie
Mis *rasibus* par l'incendie ;
Il ne resta plus dans ce lieu,
Jadis nommé la ville d'Eu,
[a] Que saint Laurent & Notre-Dame,
Tous deux préservés de la flamme.

Maitre Rohan content d'avoir
Rempli galamment son devoir,
Frédonnant un air de Joconde,
Vouloit faire danser son monde ;
Ce ne fut que pour un moment,
[b] Tant il étoit impatient
D'aller rendre compte à son maitre,
Qui déjà s'ennuyoit peut-être.
Je lui ferai, dit-il, dans peu
Voir que je fais faire bon feu,

Ad Regem properans & Regina caſtra reduxit.
Cætera diverſas populorum turba petebat
Mæſta vias : alii Valeri ſe in fana tulerunt,
Rura alii & lætam Summænæ in littore vallem,
Quos bonus áuſpiciis excepit grandibus Abbas,
Solatuſque viros ſedes partitur in omnes.
Pars caſtella petunt; pagos circumque jacentes :
·*Pars Dapen undoſam, piſcoſaque ſaxa Poleti,*
Conjunctis ubi tecta parant attolere curis,

---

[a] Vous braves... Le Comte de Gamaches s'adreſſe ici à ceux des citoyens d'Eu, qui s'étoient ſi généreuſement offerts d'aller combattre contre Edouard, ligué avec Charles, Duc de Bourgogne.

[b] S. Valery ſur Somme eſt une petite ville & Port-de-Mer de Picardie, célebre par les Bancs de ſable qui ſont à l'entrée de ſon Port, elle n'eſt qu'à cinq lieues de la ville d'Eu.

[c] Abbeville, ville aſſez conſidérable de Picardie, ſituée auſſi ſur la Somme. Elle est capitale du Ponthieu & à ſept lieues de la ville d'Eu.

[d] À Dieppe, au Polet... Dieppe eſt une aſſez jolie ville, paſſablement grande & fort peuplée, ſituée ſur le Bord de la Mer dans le pays de Caux, à ſix lieues de la vil.e d'Eu. Le Polet, Fauxbourg de cette ville, du côté du Nord-Eſt, eſt auſſi extrêmement peuplé.

Partons, mes gens, quittez la danfe,
Prenez vite en main votre lance;
[a] Vous, braves, propres au befoin
A bien faire le coup de poing,
Soyons demain dans la journée,
Moi, chez le Roi, vous, à l'Armée.
Ah! que l'on y va voir beau jeu;
Ainfi partit l'élite d'Eu;
Les autres larmoyants fans doute,
Prennent chacun diverse route:
De fon chagrin un peu guéri;
[b] L'un fe rend à faint Valery,
L'autre gagne quelque village
Où des Châteaux du voifinage:
Là, des champs aimant le séjour,
Il bénit fon choix chaque jour;
Ceux qui préférerent la ville
[c] Prirent la route d'Abbeville,
Où l'Officier municipal,
Loin de les mettre à l'hôpital,
Les croyant des fujets utiles,
Leur donna vaftes domiciles;
[d] Bien d'autres à Dieppe, au Polet
Portent les Arts dans leur paquet;

Et tristes everſæ urbis reparare ruinas.
Hæc ſuper everſâ flammis crudelibus Augâ
Carmina condebam; cùm felix illa ſecundis

[*a*] Voyez la note (*a*) pag. 1. & 29.

[*b*] Sur le retour... Nous ne pouvons cependant diſſimuler que la ville d'Eu n'a jamais pu ſe relever de ſa chûte : le Commerce & les Arts ont beaucoup perdu de cet Etat floriſſant, qui rendoit cette ville ſi célebre avant ſes malheurs.

[*c*] Pour en faire un titre important... Charles VII érigea Eu en Comté-Pairie par Lettres-Patentes données à Vendôme au Mois d'Août 1458.

[*d*] Le Comté d'Eu a toujours été poſſédé par des Seigneurs d'un grand nom, depuis qu'il tomba en partage à Guillaume, Fils de Richard ſans peur, Duc de Normandie; voici l'Ordre Chronologique des Poſſeſſeurs de ce Comté.

Guillaume, Duc de Normandie	
Raoul de Luſignan	XIIe. ſiecle
Alphonſe de Brienne	en 1250
Ses Succeſſeurs de ce nom	1331
Raoul de Brienne Confiſqué	1350
Jean d'Artois	1351
Philippe d'Artois ſon Fils	1386
Charles ſon Fils	1397
Bonne Comteſſe d'Eu	1472
Jean ſon Fils	1475
Jean, Duc de Cleves par ſa femme Catherine de Cleves	1491
Henri I. Duc de Guiſe	1570
Charles de Guiſe	1588
Henri de Guiſe, ſecond du nom	1640
Marie Louiſe d'Orléans	1660
Louis-Auguſte, Duc du Maine	1682
Charles de Bourbon ſon Fils	1746

Cette Cité leur doit la chance,
[a] D'être une ville d'importance;
Tous enfin d'un commun accord,
Sûrent lutter contre le fort.
Ayant bâti maifon nouvelle,
Des Arts devenu le modéle,
Ils enrichirent le Canton :
Eft-ce avoir tant de guignon ?

Tu t'applaudis, Mufe badine,
D'avoir chanté d'Eu la ruine
Et d'être au bout de ton rollet ;
Ouida, tout n'eft pas encor fait ?
Sans fonger à nous faire rire,
N'aurois-tu pas deux mots à dire
[b] Sur le retour de fes beaux jours,
Dont rien ne peut fixer le cours?
Depuis que fous d'heureux aufpices,
Les deftins devenus propices,
L'ont retiré de fon néant,
[c] Pour en faire un titre important;
Car notez qu'il eft l'appanage,
[d] Des Princes d'un illuftre Etage,
Que le grand Charles de Bourbon
En eft le Seigneur & Patron.

*Surgeret auspiciis, patriaque in laude potentem
Borbonium terræ Dominum gauderet avitæ
Per merito insignes populis dare jussa Ministros,*

---

[a] Je l'avouerai ingénuement, pour chanter les vertus d'un si grand Prince, il faudroit la plume de M. de Voltaire ou de M. Thomas. Malgré toute ma bonne volonté, je me vois contraint de me taire.

[b] Il a été un temps malheureux où les dispositions des cœurs des citoyens d'Eu pour leur Prince n'étant point connues, on ne leur rendoit pas toute la justice qu'ils méritoient ; mais la vérité s'étant enfin fait jour à travers les nuages qui la couvroient, est venue déposer en faveur de leur innocence, & détruire tous les préjugés qui avoient su aliener des vassaux le cœur paternel de leur Prince : ce bon Prince, désabusé par le témoignage même de son respectable Conseil & des principaux Officiers de son Comté, a rendu toute sa bienveillance à ses vassaux, sur-tout depuis l'époque mémorable de la Fête de S. Sébastien de l'année 1767.

[c] Deux gens d'affut... M. Charles Bally, du Bailliage Domanial d'Eu, & M. Varin, Procureur Fiscal audit Bailliage.

Voilà ce qui s'appelle un Prince.
Mufe, ton mérite eft trop mince
[a] Pour le chanter comme il le faut,
C'eft t'élever un peu trop haut;
Laiffons cette befongne à faire
A gens d'efprit comme Voltaire;
N'oublions pas que fes vaffaux
Ne font pas des gens affez fots,
[b] Pour ne point refpecter leur Comte,
Quoiqu'on en dife, c'eft un conte.
Non, je ne les reconnois pas
Pour des mutins & des ingrats,
Comme on l'a voulu faire accroire;
Encore un coup c'eft une hiftoire.
L'Eudois, de fon Prince enchanté,
Faifant des vœux pour fa fanté,
Dit tous les jours des patenotres,
Et n'eft pas plus méchant que d'autres.
Ce feroit fe caffer le nez,
[c] Deuz gens d'affut, Juges Madrés,
Qui n'entendent pas raillerie,
Le puniroient de fa folie;
Devant eux il ne fait pas bon,
De n'avoir pas droit & raifon;

*Florentemque viris regeret Vadicurtius urbem
Laudibus ingenii, generifque propagine major.
Illo Ruxelium me tempore verba juventæ*

---

[a] Pour la Police... La ville d'Eu n'a que de très modiques revenus & de foibles reffources pour les accroître. Ce défaut de fonds entraine néceffairement quelque négligence dans l'adminiftration de la Police. On ne diffimulera point ici, qu'elle n'eft pas portée au point, où elle feroit fans cet inconvénient, malgré toute la bonne volonté des Officiers municipaux.

[b] Quel homme que Vadicourt?... M. de Vadicourt, Préfident à l'élection d'Eu, & Maire actuel de cette ville depuis le commencement d'Octobre 1766, choifi par Monfeigneur le Comte d'Eu fur les trois Sujets qui lui ont été préfentés par la ville fuivant l'ufage. Le foin qu'apporte ce digne & refpectable Maire pour augmenter les revenus de la ville, & le fuccès de fes opérations pour parvenir à fes fins, font defirer qu'il plaife à Monfeigneur le Comte d'Eu de prolonger le temps de fon adminiftration; quel bien n'entrevoit-on pas qu'il feroit, foit pour l'accroiffement des fonds de la ville, foit pour celui de la Police ?

[c] M. Rouffel, auteur de ce Poeme, employa pour le compofer trois femaines du temps des vacances 1766.

[d] Avec efprit... Quelques perfonnes pourront être furprifes d'entendre l'Auteur donner à fon efprit ce petit grain d'encens ; mais on doit faire attention qu'il y étoit en quelque forte néceffité, il avoit à combattre des Critiques qui lui difputoient même le fens commun.

[e] Les mêmes critiques dont il eft parlé dans la note précédente, avoient cy-devant répandu dans le public que M. Rouffel avoit trouvé en manufcrit dans la Bibliothèque du Collége, la plupart des Pieces qui avoient paru fous fon nom.

Qu'ils

Qu'ils fçavent bien rendre juftice,
Et mettre un frein à la malice !
Pour le dire en deux mots, dans Eu
Méchanceté n'a pas beau jeu.
[a] Pour la Police il faut nous taire,
Nous avons cependant un Maire
Qui pourra l'introduire un jour.
[b] Car quel homme que Vadicour !
C'eft un jouflu plein de génie,
Brûlant d'amour pour fa Patrie ;
Auffi, dit-on avec raifon,
Qu'il eft né de bonne Maifon :
Connois donc, ville fortunée,
Le bien d'être reffucitée ;
Finiffons-là, mon rôle eft fait,
Meffieurs je fuis votre valet.

   Tout beau, n'eft-il pas d'importance
[c] Qu'on fache que dans ma vacance
Je fouffigné, Maître Rouffel,
Régent d'un Collége tel quel,
C'eft-à-dire, un Collége mince,
Comme on en voit en la Province,
[d] Déclare avoir avec efprit,
[e] Sans le fecours d'un manufcrit,

Formantem indocilis, Codro (a) *vix Judice dignum*
Rhetora Gymnaſii parvi ſchola parva tenebat.

Signé, CAROLUS-JOANNES ROUSSEL,

Artium Magiſter & Rhetoricæ Profeſſor.

---

[a] Un cynique impitoyable... Je déclare ici avec vérité, que par ces paroles je n'ai nulle envie de déſigner aucun Critique perſonnellement, mais de rendre ſeulement à peu près le *Codro Judice* du Poéme latin.

Tracé cet élégant Poëme,
Et l'avoir composé moi-même.
Mon honneur étant compromis,
Je donne au Public cet avis ;
[a] Car un cynique impitoyable
M'en a cru long-temps incapable,
Et vouloit dans sa noire humeur
M'ôter jusqu'au nom de Rhéteur ;
Mais le Public est équitable,
Qu'il me juge piéces sur table ;
Plein de respect pour ses Arrêts,
Je n'en appellerai jamais.

Signé, Roussel, en dépit du Cynique,
Bon Professeur de rhétorique,
De plus, Maître ès Arts, s'il vous plaît ;
Cela veut-il dire un benêt ?

FIN.